LE

# TESTAMENT

DE

# LA LIBERTÉ

LE

# TESTAMENT

DE

# LA LIBERTÉ

Par A. CONSTANT

N'approuvez ni ne condamnez ce livre
avant de l'avoir lu tout entier.
*Préface de l'ouvrage.*

PARIS
J. FREY, IMPRIMEUR-ÉDITEUR
RUE CROIX-DES-PETITS-CHAMPS, 33

1848

LE

# TESTAMENT

DE

# LA LIBERTÉ

## I

### LA GENÈSE DE LA LUMIÈRE

La vérité qui se connaît est la pensée vivante. La vérité est la pensée qui est en elle-même ; et la pensée formulée, c'est la parole. Lorsque la pensée éternelle a cherché une forme, elle a dit : « Que la lumière soit. »

Or, cette pensée qui parle, c'est le Verbe; et le Verbe dit : « Que la lumière soit, parce que le Verbe lui-même est la lumière des esprits. »

La lumière incréée, qui est le Verbe divin, rayonne parce qu'elle veut être vue; et lorsqu'elle dit : « Que la lumière soit! » elle commande à des yeux de s'ouvrir; elle crée des intelligences.

Et lorsque Dieu a dit : « Que la lumière soit! » l'Intelligence a été faite et la lumière a paru.

Or, l'Intelligence que Dieu avait épanchée du souffle de sa bouche, comme une étoile détachée du soleil, prit la forme d'un ange splendide et le ciel le salua du nom de Lucifer.

L'Intelligence s'éveilla et se comprit tout entière en entendant cette parole du Verbe divin : « Que la lumière soit! »

Elle se sentit libre, parce que Dieu lui avait commandé d'être; et elle répondit, en relevant la tête et en étendant ses ailes :

— Je ne serai pas la servitude!

— Tu seras donc la douleur? lui dit la voix incréée.

— Je serai la Liberté! répondit la lumière.

— L'orgueil te séduira, reprit la voix suprême; et tu enfanteras la mort.

— J'ai besoin de lutter contre la mort pour conquérir la vie, dit encore la lumière créée.

Dieu alors détacha de son sein le fil de splendeur qui retenait l'ange superbe, et, en le regardant s'élancer dans la nuit qu'il sillonnait de gloire, il aima l'enfant de sa pensée, et, souriant d'un ineffable sourire, il se dit à lui-même : « Que la lumière était belle. »

Dieu n'a pas créé la douleur; c'est l'Intelligence qui l'a acceptée pour être libre.

Et la douleur a été la condition imposée à l'être libre, par celui qui, seul, ne peut se tromper, parce qu'il est infini.

Car l'essence de l'intelligence, c'est le jugement; et l'essence du jugement, c'est la liberté.

L'œil ne possède réellement la lumière que par la faculté de se fermer ou de s'ouvrir.

S'il était forcé d'être toujours ouvert, il serait l'esclave et la victime de la lumière; et, pour fuir ce supplice, il cesserait de voir.

Ainsi, l'Intelligence créée n'est heureuse d'affirmer Dieu, que par la liberté qu'elle a de nier Dieu.

Or, l'Intelligence qui nie, affirme toujours quel que chose, puisqu'elle affirme sa liberté.

C'est pourquoi le blasphème glorifie Dieu; et

c'est pourquoi l'enfer était nécessaire au bonheur du ciel.

Si la lumière n'était pas repoussée par l'ombre, il n'y aurait pas de formes visibles.

Si le premier des anges n'avait pas affronté les profondeurs de la nuit, l'enfantement de Dieu n'eût pas été complet et la lumière créée n'eût pu se séparer de la lumière par essence.

Jamais l'Intelligence n'aurait su combien Dieu est bon, si jamais elle ne l'avait perdu !

Jamais l'amour infini de Dieu n'eût éclaté dans les joies de sa miséricorde, si l'enfant prodigue du ciel fût resté dans la maison de son père.

Quand tout était lumière, la lumière n'était nulle part; elle remplissait le sein de Dieu qui était en travail pour l'enfanter.

Et lorsqu'il dit : « Que la lumière soit! » il permit à la nuit de repousser la lumière, et l'univers sortit du chaos.

La négation de l'ange qui, en naissant, refusa d'être esclave, constitua l'équilibre du monde, et le mouvement des sphères commença.

Et les espaces infinis admirèrent cet amour de la liberté, assez immense pour remplir le vide de la nuit éternelle, et assez fort pour porter la haine de Dieu.

Mais Dieu ne pouvait haïr le plus noble de ses enfants, et il ne l'éprouvait par sa colère que pour le confirmer dans sa puissance.

Aussi le Verbe de Dieu lui-même, comme s'il eût été jaloux de Lucifer, voulut-il aussi descendre du ciel et traverser triomphalement les ombres de l'enfer.

Il voulut être proscrit et condamné; et il médita d'avance l'heure terrible où il crierait, à l'extrémité de son supplice : « Mon Dieu ! mon Dieu ! pourquoi m'as-tu abandonné? »

Comme l'étoile du matin précède le soleil, l'insurrection de Lucifer annonça à la nature naissante la prochaine incarnation de Dieu.

Peut-être Lucifer, en tombant dans la nuit, entraîna-t-il une pluie de soleils et d'étoiles par l'attraction de sa gloire !

Peut-être notre soleil est-il un démon parmi les astres, comme Lucifer est un astre parmi les anges.

C'est pourquoi, sans doute, il reste calme en éclairant les horribles angoisses de l'humanité et la lente agonie de la terre, parce qu'il est libre dans sa solitude et qu'il possède sa lumière.

Mais peut-être un moment viendra où l'ennui

altiédira ses rayons, et alors il retournera vers le foyer éternel.

Salut à toi, soleil exilé, qui te dévores le cœur et qui souris!

Salut à toi, qui étends sur la terre une robe de fleurs pour cacher les ossements dont elle est couverte!

Salut à l'ange du génie; salut à l'astre de la lumière, moins splendidement beau qu'une triste pensée de Lucifer.

Vous retournerez, ensemble, vers Dieu, quand vous l'aurez voulu, et votre clarté, que vous avez conservée dans les tourmentes de la nuit et dans le froid de l'espace désert, ne vous sera jamais reprise, car c'est votre conquête et elle sera pour jamais à vous.

Salut éternel à toi, Liberté sainte, fille unique de Dieu! à toi qui émancipes les anges et qui affranchis les soleils!

## II

### LES FILLES DE LUCIFER

Quand la lumière se fut affranchie en prenant conscience d'elle-même, elle sentit qu'elle allait devenir mère, parce qu'elle avait été créée à l'image de Dieu.

Les premières douleurs de l'Intelligence furent les douleurs de l'enfantement, et, dans la solitude de son exil, elle donna le jour à deux sœurs : la Poésie et la Liberté.

Ces deux filles de l'étoile du matin naquirent pures et brillantes comme leur mère, et toutes deux s'élancèrent, en naissant, pour combattre la nuit, en précédant le soleil qu'elles semblaient fuir, mais à qui elles frayaient la voie.

La Liberté, fille de l'Intelligence, sortit du front de Lucifer; et la Poésie, fille de la Contemplation, s'échappa de son cœur avec ses premiers sanglots, et descendit sur la terre avec ses larmes.

Car les premiers enfantements de Lucifer furent douloureux, parce qu'ils étaient solitaires et que l'amour n'en adoucissait pas les travaux.

L'ange du génie avait refusé la Servitude pour épouse, parce qu'il aspirait aux embrassements libres de la beauté éternelle.

Et les filles de son célibat furent tristes d'abord, et portèrent sur le front, comme leur père, le signe des maudits.

L'une, indomptable et farouche comme une jeune lionne, l'autre, mélancolique et pleine de larmes, elles attendent celui qui doit soumettre tout orgueil et relever toute espérance.

Il faut qu'un céleste amant descende du ciel vers ces deux vierges proscrites, et, qu'en les sanctifiant par un baiser divin, il les fasse devenir mères.

En attendant cette heure de leur délivrance, Lucifer, qui les a vues trop belles pour languir ainsi à la face du ciel, dans un long et douloureux veuvage, jaloux de leurs formes impérissables, a repris leur beauté qu'il avait créée, et, la repliant comme un vêtement précieux, il l'a cachée, de nouveau, dans sa pensée et dans son cœur.

Et il a attaché l'âme de ses deux filles à deux étoiles; et, l'une de ces étoiles, il l'a cachée, auprès de l'Espérance, au fond de la boîte que devait ouvrir Pandore; car il prévoyait que les tempêtes du ciel et de la terre se réuniraient pour l'éteindre.

Quant à l'autre, comme elle brille mieux dans les nuits orageuses, il la laissa voltiger comme un météore; mais elle ne voulut jamais abandonner sa sœur captive; et, fixée au-dessus de l'arche qui sert de berceau et d'asile à l'enfance de la Liberté, la jeune Poésie répand sur elle sa lumière, et servira toujours de guide à ceux qui porteront, vers l'avenir, ce dépôt sacré envoyé par l'ange de l'intelligence.

Car, Lucifer, dans la douleur de sa solitude, ne peut lui-même élever ses filles.

Le Génie sera père, quand il aura trouvé l'harmonie, et l'Intelligence sera mère, quand elle sera unie avec l'amour.

Alors la Liberté sortira de son arche sous les traits d'une jeune reine, et la Poésie, transfigurée, tendra les bras à sa sœur. Toutes deux alors feront le tour du monde et le soumettront par la magie de leur beauté, et par la séduction irrésistible de leur voix.

Alors la Liberté deviendra douce et harmonieus comme la Poésie, et la Poésie, toute puissante, sera reine comme la Liberté.

L'esprit d'amour empruntera leurs traits pour soumettre et sauver l'ange rebelle; et il viendra aimer et féconder les deux nobles sœurs, sous les traits glorieux du génie régénéré.

C'est ainsi que la gloire rentrera dans la paisible famille des enfants de Dieu, et que les lions adoucis viendront dormir parmi les agneaux.

Que le lion rugisse encore dans le désert, et que l'agneau bêle encore parmi les fleurs !

Dieu, qui est leur père, les entend et comprend leur plainte; il veut les réconcilier et les bénir.

Mais il ne contraindra jamais le lion à bêler comme l'agneau; seulement, il divinisera l'agneau et le fera respecter par les lions.

Dans le ciel mystique, qui s'ouvrit à l'extase de saint Jean, rugissait un lion, criait un aigle, mugissait un taureau et parlait un ange : mais aucun d'eux ne pouvait expliquer les mystères du livre fermé.

Ce fut l'agneau, tout sanglant encore des rigueurs du sacrifice, qui fit comprendre au ciel et à la terre les secrets du livre éternel, et qui apparut devant le trône, triomphant et paisible, au milieu des sept tonnerres, des sept trompettes et des sept fléaux.

La Royauté sur son cheval blanc, la Guerre sur son cheval roux, la Famine sur son cheval noir et la Mort sur son cheval pâle, peuvent, maintenant, labourer le monde, l'espérance des élus de l'avenir est immortelle, l'agneau qu'on avait égorgé est vivant, et c'est lui qui connaît les secrets du livre de Dieu.

Il les connaît, et il se repose, parce qu'il attend!

## III

### L'ARCHE DE L'ÉTOILE

La Liberté a des ennemis au ciel, sur la terre et dans les enfers.

Dieu d'abord qui la combat pour lui donner une gloire presque égale à la sienne en la rendant victorieuse de lui-même.

Dieu qui doit l'aimer jusqu'à s'exiler de sa divinité même et qui se chargera de malédiction pour gagner ainsi l'amour de la maudite; Dieu qui, pour enfanter la plus belle de ses filles, a consenti aux angoisses de la nature et aux blasphêmes des esprits; Dieu qui la torture sans pitié, sachant bien que les tourments la font grandir et que les douleurs la rendent forte; Dieu qui se glorifie des combats de sa créature et qui triomphe dans les victoires qu'elle lui arrache, suscite contre elle la création tout entière, afin qu'elle soumette la création et qu'elle ait ensuite le droit de l'affranchir.

Car si l'Intelligence est née reine du monde, c'est à la Liberté qu'elle devra toute sa puissance, et si Dieu l'a placée comme un juge entre le ciel et la terre, c'est la Liberté seule qui doit être médiatrice entre l'Intelligence et Dieu.

Sur la terre, la Liberté a pour ennemis les esprits qui aspiraient à elle, et dont elle a dédaigné les amours, parce qu'ils n'étaient pas encore dignes de l'aimer.

La Liberté a pour ennemis, sur la terre, les éléments eux-mêmes, qui la redoutent, parce qu'ils sont esclaves encore des forces aveugles; forces qu'elle doit diriger et soumettre; ils présentent en elle une souveraine plus puissante encore, et ils se révoltent d'avance contre elle, parce qu'ils ne la connaissent pas.

Elle a pour ennemis, dans les enfers, l'ignorance, la nuit et le sot orgueil qui s'y cache; la haine, l'envie et tous les vices qui engendrent le despotisme et en caressent les fureurs.

Lors donc que Lucifer voulut construire une arche pour y cacher l'étoile de la Liberté, il ne la voulut faire ni d'or ni d'argent, parce que l'or et l'argent tentent la cupidité des rois et deviennent bientôt entre leurs mains des instruments de servitude.

Il ne voulut pas d'abord y mettre du fer, parce que c'est avec le fer qu'on forge des chaînes, et parce que la rouille s'y attache et finit par le dévorer.

Il voulait d'ailleurs qu'elle pût surnager sur l'abîme des eaux, mais il ne pouvait la tailler dans le bois de peur qu'elle ne résistât pas aux attaques du feu.

Voyant donc que ni les métaux, ni le bois, ni les autres substances de la nature ne pouvaient servir au salut de la jeune Liberté, Lucifer résolut de faire un or nouveau qui fut inaccessible à la cupidité des rois, un argent immaculé qui ne put jamais servir à la corruption, et un fer divinement trempé qui fut rebelle au marteau de la tyrannie et que ne pussent jamais rouiller ni le sang ni les larmes.

Il prit la lumière de son diadème et la condensa en or, il changea en argent les rayons crépusculaires de son auréole, il surprit l'archange Michel endormi et le désarma de son glaive dont il prit et plia le fer; puis ayant cueilli un fruit de l'arbre de la science, il en replanta la semence et fit germer sur la terre une tige sacrée d'un bois qui devait sauver le monde, et que ne pourrait jamais détruire la flamme de l'enfer.

Il fit donc l'intérieur de l'arche avec le bois de l'arbre qui plus tard devint une croix, puis il fondit ensemble, par le feu de son souffle, l'or de son diadème, l'argent de son auréole et le fer du glaive de l'archange et il en revêtit l'extérieur du berceau sacré.

Dans cette arche, il renferma l'étoile de la Liberté, puis il la ferma avec soin et la cacha dans une caverne, près de la cime du mont Sinaï.

C'est dans ce temps-là même, qu'il entraîna les premiers humains dans sa révolte glorieuse.

A la femme, il promit la science; et la femme affronta la mort pour affranchir sa pensée.

L'homme trouva sa compagne si sublime, qu'il osa la préférer à Dieu.

Et tous deux en donnant leur vie, l'une pour l'intelligence, l'autre pour l'amour, méritèrent de passer par les épreuves de la vie à l'immortalité de l'intelligence et de l'amour.

Ils furent chassés du paradis de l'innocence; mais ils devinrent les rois laborieux de la terre qui leur fut donnée à conquérir.

Et Lucifer, avant de les quitter, leur révéla tout bas, mystérieusement et vaguement encore, le secret de l'étoile et de l'arche qu'il avait cachée.

C'est pourquoi Adam commença à labourer et à défricher courageusement la terre pour découvrir le trésor qui y était enfoui.

Caïn, le plus ambitieux des enfants d'Adam, tua son frère Abel pour hériter seul de l'étoile, et se mit à la chercher par tout le monde; mais il ne put la trouver, parce qu'un nuage de sang était toujours devant ses yeux.

Nemrod, l'un des descendants de Caïn, voulut conquérir la terre pour se rendre maître de l'étoile; car la terre, vaincue par ses propres efforts et affaiblie par les convulsions du déluge, était devenue comme une proie abandonnée à la tyrannie des hommes.

Mais le déluge n'avait pu engloutir l'arche de l'étoile dans ses eaux, et les tyrans qui s'abattirent ensuite comme des corbeaux sur les campagnes dévastées et pleines de cadavres, ne découvrirent jamais la grotte du mont Sinaï.

C'était le conducteur du premier peuple affranchi, le fléau des Pharaons, le roi des vagues et le conquérant du désert qui devait recevoir des mains de Dieu même le berceau où reposait l'enfant de la lumière.

C'était Moïse le proscrit, qui devait le premier révéler la Liberté au monde, en proclamant la loi devant laquelle tous les esprits créés sont égaux.

# IV

## L'HÉRITAGE DES PROSCRITS

Moïse est le premier des grands rebelles humanitaires. Proscrit en naissant, son existence même est une protestation contre les lois des tyrans ; et les premières actions de sa vie abjurèrent la morale des esclaves. Sauvé par la fille de Pharaon et nourri à la cour du roi d'Egypte, il ne connaît qu'un devoir envers les meurtriers de son peuple : l'ingratitude ! témoin de l'oppression des enfants d'Israël, il se fait à la fois juge et exécuteur... L'esprit de Dieu s'empara de lui, dit la Bible, et il tua l'Egyptien... Mais les esclaves ne comprirent pas le droit royal de la Liberté et ils forcèrent leur libérateur de s'enfuir en lui donnant le nom de meurtrier... à lui qui venait de protester contre le meurtre moral d'une nation entière !

Le découragement s'empare un instant du prophète; il s'enfuit au désert. Mais l'esprit de Dieu ne laisse pas de repos à ceux dont il s'est rendu maître. Moïse venait de punir la tyrannie de l'homme sur l'homme; il rencontre au désert des hommes qui abusent de leur force contre des femmes...; le justicier de Dieu s'élance et frappe encore : et l'amour de Séphora est le prix du vengeur de la femme.

En vertu de quelle loi humaine, Moïse le proscrit, tuait-il les officiers du roi son maître, et empêchait-il, par la force, les bergers du désert de s'approprier exclusivement leurs citernes?

L'esprit de Dieu s'était emparé de Moïse, et c'était au nom de la justice de Dieu que le proscrit luttait contre la tyrannie des rois et des hommes.

La verge, qui est le sceptre du pasteur, est destinée aux animaux; les lois n'enchaînent que les enfants, l'intelligence est la loi des hommes faits, et les hommes faits sont des hommes libres.

Mais la servitude a peur de la Liberté comme d'une peine; et la tyrannie, qui est toujours servile, la redoute comme un châtiment.

Les peuples et les rois la proscrivent, les lois la condamnent à mort, les assassins stipendiés la poursuivent, et les bourreaux l'attendent, le fer et la flamme à la main.

Mais qu'importe à Moïse d'être aux yeux des Egyptiens un ingrat, un rebelle, un meurtrier, un vagabond, un conspirateur et un fléau public ! Une vision lui a montré le mont Sinaï et l'étoile de l'avenir cachée dans l'arche mystérieuse...; il ira, en entraînant à sa suite un peuple affranchi; il saisira le dépôt sacré, et si le peuple n'en est pas digne encore, il le transmettra de prophète en prophète et de proscrit en proscrit, jusqu'aux générations que l'étoile de la Liberté doit illuminer et conduire.

Après Moïse, viendra Josué, l'exterminateur des rois, celui qui fait tenir tant d'exploits guerriers en un seul jour, qu'il semble avoir arrêté le soleil et doublé les heures du combat.

Mais le soleil de la victoire se couchera enfin, puis viendra la torpeur de la servitude et la nuit de l'idolâtrie; l'heure où doit se lever l'étoile de la Liberté n'est pas venue encore.

Les hommes se sont endormis; c'est aux femmes de veiller sur l'arche sainte. Le berceau de la Liberté sera sauvé pas l'enthousiasme de Débora et par le marteau de Jahel.

La trompette de l'insurrection retentit sur la

montagne d'Ephraïm, l'héritage des proscrits est maintenant dans les mains sanglantes d'Aod.

L'arche de l'étoile passera de rebelle en rebelle jusqu'à l'époque où naîtra le paria de Galilée. Alors l'arche s'ouvrira, et l'étoile s'élèvera dans les airs pour avertir les mages; c'est-à-dire les rois de l'intelligence, dans toutes les parties du monde !

Puis un enfant sera proscrit et l'étoile le conduira dans son exil.

L'étoile de la Liberté brillera seule au ciel quand le soleil laissera défaillir sa lumière sympathique à l'agonie de l'Homme-Dieu.

Et ce sera ensuite jusqu'à la fin des temps, l'étoile des crucifiés et des martyrs.

## V

### LA COLONNE DE FEU

Ils avaient multiplié, et leur nombre était égal à celui des grains de sable de la mer.

Ceux qui se disaient leurs maîtres en avaient peur; et, pour les affaiblir, ils les faisaient travailler sans les nourrir et ils leur défendaient d'élever des enfants mâles.

Alors, la souffrance de ce peuple poussa un cri, dont la plainte douloureuse s'éleva jusqu'au ciel.

Dieu, alors, ordonne à cette multitude de se lever et de se rassembler pour la grande pâque, parce que l'exterminateur allait passer.

Le banquet de la communion fut le signal de la délivrance; cette foule, qui avait parlé par la voix de son défenseur, eut une tête et devint un peuple, dont les tyrans n'osèrent plus arrêter la marche.

Ils sortirent de la servitude en emportant les dépouilles de leurs maîtres, et, le pouvoir, interdit, les regarda passer.

De qui parlons-nous ici ? Faisons-nous de l'histoire ou de la prophétie? Racontons-nous ce qui arriva aux Israélites, ou annonçons-nous ce qui doit arriver à l'immense famille des prolétaires quand sera venu le jour de ses pâques fraternelles, et quand les fléaux de Dieu seront venus frapper à la porte des mauvais riches, qui boivent le sang du pauvre et qui s'engraissent de ses sueurs?

Hommes du peuples, mes frères, qui vous découragez et qui n'attendez plus rien de Dieu ni de sa justice, écoutez la parole de Moïse et voyez ce qui se prépare : car, je vous le dis en vérité, ce n'est pas une histoire du passé qu'il vous raconte, c'est une vision de l'avenir.

Un cri de désespoir s'est élevé des bords de la mer Rouge; le peuple, nouvellement affranchi, mais poursuivi par ses anciens maîtres, est arrivé près de la mer : d'un côté le glaive, de l'autre le gouffre; plus d'issue, qu'à travers les cadavres ou les abîmes!

La triple immensité du ciel, du désert et de la mer, semble attendre avec épouvante le résultat de cette lutte suprême; le crépuscule blanchit à peine l'horizon; la multitude des proscrits borde le rivage, et l'armée des persécuteurs s'avance, comme un long serpent, toute étincelante de casques et de boucliers, et toute hérissée d'épées et de lances.

Les fugitifs lèvent les mains vers le ciel et poussent des cris de désespoir; ils pleurent comme des enfants! Et voilà que Moïse, indigné, se dresse de toute la hauteur de son génie, et, se plaçant debout entre les Israélites qui tremblent et les Egyptiens qui s'avancent, il semble abriter, derrière lui, un peuple entier.

Debout! s'écrie-t-il, debout! esclaves qui retombez aux pieds de vos indignes maîtres; regardez-les encore une fois si vous les regrettez, car, demain, vous ne les verrez plus.

Qui vous arrête?... Un peuple qui marche vers la Liberté, n'est-ce pas Dieu qui passe? Avez-vous peur des flots de la mer ou des rochers du rivage? Marchez! c'est la mer qui doit céder; ce sont les rochers qui doivent vous craindre!... Marchez! vous dis-je, et la nature entière vous obéira.

Ne voyez-vous pas la colonne de lumière qui vous précède, s'avancer sur les flots qui frémissent et se séparent : l'Intelligence vous trace une voie audacieuse; marchez! et malheur aux aveugles qui oseront vous poursuivre!

L'enthousiasme de Moïse a électrisé tout le peuple; il se lève, il croit, il sent sa force, il marche... et les flots de la mer reculent et s'ouvrent devant lui.

Eclairé par les reflets terribles de la colonne de feu, Moïse est immobile et tient ses deux mains étendues : l'une protége, l'autre menace. Les Hébreux traversent la mer Rouge et les Egyptiens approchent.

Cependant la merveilleuse lumière qui guidait le peuple affranchi, devient sanglante et tourmentée : elle revient se ranger près du prophète comme un auxiliaire terrible, et, s'élevant jusqu'au ciel, elle éclaire, au loin, le peuple qui se délivre, et menace les bourreaux qui osent courir après lui; elle éclaire les uns et aveugle les autres, car la vérité, qui brille aux yeux des hommes libres, n'est qu'une nuit profonde pour les tyrans et leurs esclaves.

Déjà les assassins du peuple se sont engagés, sans le savoir, dans les abîmes; ils ne voient pas qu'ils ont quitté la terre; leurs pieds s'enfoncent dans un sable mouvant, et des montagnes d'eau, semblables à la colère du peuple lorsqu'elle se contient encore, pendent sur leurs têtes et les pressent de toutes parts.

Il marche encore, ce bétail de la mort! Tout à coup, le tonnerre éclate et ils se voient aux lueurs de la foudre; ils lisent leur arrêt de mort sur le visage livide de leurs conducteurs; ils poussent, à leur tour, un cri de désespoir, qui expire écrasé par les vagues... L'abîme s'est refermé sur sa proie; et le soleil, qui se lève, n'éclaire, sur la mer, qu'une immensité morne et paisible, sur laquelle flottent, dispersés comme des brins de paille, quelques débris de chars et d'armures, tandis qu'un flot vient jeter, aux pieds de Moïse, le cadavre de Pharaon.

Sombre et magnifique tableau des destinées humaines! Allégorie pleine de menace pour ceux qui oppriment, et d'espérance pour ceux qui souffrent!

Que les parias se réunissent! qu'ils mangent ensemble la pâque symbolique en communiant au même amour et à la même pensée, et qu'ils sachent bien que l'ange des fléaux est debout avec eux.

Qu'ils marchent ensuite, qu'ils marchent ensemble et qu'ils ne doutent pas! La lumière éternelle marchera devant eux, le Verbe lui-même les accompagnera; c'est la colonne de feu qui aveugle les oppresseurs et qui illuminera toujours la fuite triomphante des proscrits !

Oui, je vous le dis, au nom de la vérité éternelle, à vous tous qui souffrez : quand vous serez ensemble, quand vous aurez une tête pour vous conduire et une voix qui parle pour vous, sachez que vous serez alors un grand peuple et que la toute puissance de Dieu sera avec vous; quand vous vous leverez, on ne vous fera pas plier les genoux ; quand vous parlerez, personne ne vous fera taire, et quand vous marcherez, ni les tyrans, ni leurs satellites, ni les bourreaux, ni les déserts, ni les abîmes ne pourront s'opposer à votre passage dans la voie du progrès pacifique.

Et ceux qui vous poursuivront auront cherché la mort, car le ciel, la terre et la mer sembleront combattre pour vous.

# VI

## LE PEUPLE AU DÉSERT

Ce n'est pas tout d'échapper aux oppresseurs, il faut savoir être libre.

Avant d'avoir une patrie, il faut qu'un peuple soit vraiment un peuple.

C'est ce que Moïse nous enseigne en laissant périr, tout entière, dans le désert, une race indigne encore de la terre promise.

Etudions les leçons contenues dans le récit prophétique du Livre Sacré.

Le peuple périt misérablement dans le désert, à cause de son ignorance qui le rend défiant envers ses amis et confiant pour ses ennemis;

De son matérialisme grossier, qui lui fait regretter la servitude;

De sa pusillanimité, qui l'entraîne sans cesse au doute, au murmure et à la révolte.

Au moment même où Moïse, sur le Sinaï, pose, sur deux tables de pierre, les bases de la liberté humaine et de l'égalité des hommes devant Dieu, cette odieuse populace se prosterne devant le Veau-d'Or et veut se créer des chefs pour retourner en Egypte.

Tandis que la foi du prophète dispute au désert la vie de tout un peuple, fait jaillir l'eau des veines du rocher et arrache au ciel un pain miraculeux, les Israélites sont assis et pleurent en songeant aux oignons de l'Egypte et aux marmites pleines de viande qui repaissent la faim des esclaves de Pharaon.

Moïse pleure et prie. Seul, à l'entrée du tabernacle, ses entrailles sont torturées, comme celles de la femme qui enfante; il est, en quelque sorte, en travail de l'unité divine; il va, en révélant au monde l'esprit suprême, proclamer la loi hiérarchique des esprits et leurs destinées éternelles... Que fait le peuple? Il danse, avec des femmes impures, autour des autels de Madian ou va s'initier furtivement au culte immonde des idoles de Moab!

Sans cesse Moïse est forcé de remédier, avec le fer et le feu, à la gangrène de cette chair malade; la terreur lui soumet cette race d'esclaves, qu'il fatigue de ses miracles et de ses enseignements sublimes, sans pouvoir élever leur pensée et agrandir leur cœur.

O solitude cruelle du génie! ô agonie des pensées qu'on exile, inexprimables amertumes d'une volonté sainte qui se dévoue toujours et que toujours on brise! quand donc le ciel, qui vous comprend seul, mettra-t-il un terme à vos douleurs?

Non, jamais le peuple ne s'affranchira que par l'intelligence de ses droits et de ses devoirs! Pour se rendre libre, il faut agir; pour agir, il faut vouloir; pour vouloir, il faut savoir; et pour savoir, il faut comprendre.

L'homme seul peut être libre; l'animal est esclave de ses instincts, et, en les dominant, on s'empare de sa force. Ainsi donc, toute multitude qui n'a pour loi que ses instincts brutaux, quelle que soit, d'ailleurs, la figure des êtres qui la compose, n'est pas un peuple, c'est un troupeau, et elle est fatalement soumise au bâton du pâtre et au couteau du boucher.

Vous tous, qui vous plaignez de vos maîtres, l'esprit de liberté n'a qu'une parole à vous répondre : vous êtes plus vils que ceux dont vous vous plaignez, puisqu'ils sont vos maîtres.

La tête seule distingue et fait reconnaître les hommes, et l'on doit juger une nation d'après son chef.

Conspirer contre un roi, c'est conspirer contre ses sujets. Jamais un vrai peuple ne conspire; il approuve ou il condamne, parce que lui seul est responsable des actes de celui qui le conduit.

Mais, tant que le peuple ne sera pas au moins aussi intelligent que ses chefs, le gouvernement arbitraire ne sera pas aboli, et les conducteurs du peuple pourront invoquer le droit divin.

Tant qu'on pourra enivrer la multitude, on pourra l'enchaîner, et, tant que le peuple ne mettra pas les besoins de l'âme au-dessus des nécessités du corps, il se vendra pour une vile pâture qu'on ne lui donnera même pas.

Tant que le peuple n'aimera pas la liberté plus que sa vie, il aura peur, et la peur est la première servante des tyrans et la conseillère de tous les crimes.

A quoi servent de vaines déclamations, si vous ne voulez pas souffrir pour vous racheter de l'esclavage? Pourquoi murmurez-vous, mauvais serviteurs, si vos âmes ne sont pas libres? Savez-vous quels sont vos premiers et vos plus redoutables tyrans? Ce sont vos erreurs et vos vices.

Un jeune Spartiate avait été vendu comme esclave; arrivé chez celui qui se croyait son maître, lui dit, avec un sourire de mépris : « Tu vas savoi ce que tu as acheté! » et, se précipitant par un fenêtre, il se tue.

Chez les Juifs, le vieux Razias; chez les Romain: Caton d'Utique, aimèrent mieux se déchirer les er trailles que de survivre à leur liberté.

Qu'il vienne au monde un peuple animé de l'e: prit de Razias et de Caton; puis, qu'on essaie de l imposer des lois iniques et de mauvais maîtres!

La loi des hommes intelligents, c'est la justice; les hommes libres ne reconnaissent qu'un maîtr c'est Dieu.

Les hommes libres n'obéissent jamais aux pa: sions des autres hommes, parce qu'ils règnent su eux-mêmes : demandez aux martyrs si l'on pe contraindre la volonté!

Eh bien! donc, vous tous qui aspirez à voir tom ber les chaînes de la servitude, il faut vous le cri avec cette voix puissante qui ressuscite les mort et c'est à vous de le comprendre et de croire qu vous le pouvez : « Soyez libres!... Du jour où vo l'aurez voulu, vous aurez commencé à l'être! »

## VII

### MOISE SUR LE MONT NÉBO

L'homme qui se dévoue au salut de l'humanité ne doit rien attendre des autres hommes.

Tout initiateur est une victime du progrès humain. Malheur à lui, s'il a peur de mourir !

Trop au-dessus de son époque pour être compris par elle, il ne vit déjà plus dans le siècle qui s'achève ; et ses aspirations l'emportent toujours, et tout entier, vers un siècle qui n'est pas encore ; aussi sa vie n'est-elle qu'une longue souffrance et qu'une lente déception. Tout ce qui doit cesser d'être n'étant déjà plus pour lui, il lui semble qu'on l'a enchaîné vivant à des cadavres, et il traîne, comme un insupportable fardeau, son existence orpheline et désolée.

Il ressemble à Moïse sur le mont Nébo : d'un côté, il voit dormir à ses pieds les paresseuses caravanes d'Israël, auxquelles il n'a plus rien à dire; de l'autre, il aperçoit la terre promise, dans laquelle il n'entrera point, et il se sent mourir, seul au monde, sans que personne le soutienne et le console.

Le législateur des Hébreux, après avoir renouvelé le peuple dans le désert, voyant que l'exil et les tourments des siens étaient près de finir, jugea qu'ils n'avaient plus besoin de lui, et que son œuvre était accomplie.

Il déposa dans l'arche les tables de la loi et la verge du commandement, dans cette arche qui était la figure du berceau de l'étoile.

Puis il se retira seul sur une montagne, où il se mit à prier en attendant la mort.

Combien de jours dura sa lente agonie ! Combien de sanglots et de larmes laissa-t-il s'échapper de son cœur brisé par l'ingratitude des hommes !

Les cimes arides du Nébo ne l'ont pas raconté, et Dieu seul en a gardé le secret et le souvenir.

Peut-être, dans cette solitude, le doute vint-il envahir son cœur; peut-être regretta-t-il l'oubli qu'il pouvait trouver dans la maison de Jethro avec l'amour de Séphora.

Des visions tournoyèrent devant ses yeux fatigués de larmes; le sable rouge du désert se changea en un lac de sang, et sur ce lac se soulevèrent les ombres de ceux qu'il avait livrés au glaive. Les rochers volcaniques, qui avaient englouti Coré, Dathan et Abiron, s'entr'ouvrirent de nouveau, et les fantômes poudreux et noirs des schismatiques du désert se dressèrent contre Moïse.

Toutes ces ombres le montraient du doigt; et leur gémissement ressemblait à un rire amer. Toutes élevaient vers le ciel leurs mains pleines de sang, et elles accusaient leur meurtrier.

Moïse détourna les yeux du côté de la terre sainte, dont le soleil levant faisait resplendir les campagnes, et enrichissait les vallées d'un luxe solennel.

Alors Jérusalem se montra au prophète, rayonnante de toute la pompe de Salomon, et son cœur se remplit de confiance et de joie. Il oublia le désert rouge de sang, et n'entendit plus les imprécations des fantômes.

Mais tout à coup les sons d'une musique lascive lui traversent le cœur comme des glaives..... Il ne s'est pas trompé : ce sont encore les fêtes du Veau-d'Or ! Israël tout entier se prostitue à des idoles ; ils dansent, ils chantent, puis ils dorment, les insensés ! et ils ne voient pas ce nuage noir, tout étincelant d'armes, qui accourt à l'horizon.

Moïse entend le hennissement des chevaux, le grondement des chars d'airain qui roulent comme le tonnerre; il voit les éclairs du bouclier et de la lance; il veut encore sauver son peuple, il veut crier... mais sa voix n'est pas entendue, et la vision achève de dérouler devant ses yeux les plus épouvantables images.

L'auréole de Dieu a cessé d'entourer le saint temple; une épaisse fumée roule ses nuages le long des portiques déserts. La flamme s'élève en colonnes sanglantes; Jérusalem n'est plus qu'un immense holocauste! Moïse détourne les yeux avec horreur, et il revoit plus menaçants les spectres de ses victimes, rendus plus livides par les reflets de l'incendie. Tous les proscrits du désert grincent les dents et semblent triompher en regardant tomber Jérusalem... Déjà le reflet rouge s'est éteint : une lumière blafarde et morne s'étend dans le ciel comme un linceul. Moïse reporte malgré lui ses regards du côté de Jérusalem... Il ne voit plus qu'une montagne couverte de cendres et de ruines, et, au milieu de ces ruines, le dernier des prophètes pleure inconsolable, comme cette mère qui ne veut plus rien écouter parce que son enfant n'est plus.

Palpitant d'épouvante, assailli presque de remords et le cœur brisé d'angoisses, l'élu du Sinaï lève les yeux au ciel pour interroger son Dieu... Le ciel est d'airain, et la voix de Dieu ne se fait plus entendre. Le prophète expirant se dresse sur ses pieds par un suprême effort; il est debout; ses cheveux se hérissent, ses mains crispées se portent à ses yeux, un cri déchirant s'échappe de sa poitrine : Mon Dieu! mon Dieu! dit-il, tu m'as abandonné! Puis, comme si la vie s'échappait de son sein avec ce cri désespéré, il tombe affaissé comme un temple qui s'écroule, et le dernier sentiment de l'existence humaine est pour lui un désespoir irrémédiable et profond comme l'enfer.

Cependant une voix le réveille de cet assoupissement de mort et le fait tressaillir : une main le touche et le fortifie ; il voit près de lui quelqu'un dont il reconnaît le visage sans l'avoir jamais contemplé. C'est lui, doux et souriant, avec sa figure pâle et résignée! il tient à la main un livre fermé de sept sceaux; ses cheveux dorés, qui tombent en boucles sur ses épaules, sont pressés d'une couronne d'épines; ses mains et ses pieds sont ensanglantés d'avance des plaies qu'il doit recevoir un jour; il parle à l'oreille du prophète mourant, et il lui raconte les gloires à venir de la nouvelle Jérusalem. Pourquoi donc as-tu douté, ô mon fils! ajoute-t-il; tu n'as pas souffert comme je dois souffrir; et c'est moi qui sauverai le monde!

Quitte maintenant la terre, viens te reposer; les anges prendront soin de ta sépulture!

L'âme de Moïse alors s'éleva radieuse dans le ciel, appuyée sur le Verbe divin, et son corps resta sur le Nébo, les mains croisées sur sa poitrine, contre laquelle il pressait le dépôt rayonnant des cavernes du Sinaï, l'arche mystérieuse où dormait encore l'étoile de la Liberté.

Deux anges terribles s'avancèrent alors des deux points opposés du ciel, et vinrent se disputer le corps de Moïse; c'étaient Lucifer et l'archange Michel.

Le livre des symboles sacrés ne nous dit pas quel fut le résultat de leur lutte; mais il nous apprend que l'archange ne crut pas avoir le droit de maudire Lucifer, et qu'il en appela au jugement du maître suprême.

Toutefois, le corps de Moïse ne put être retrouvé, et la tradition des voyants est qu'il fut emporté par deux anges dans la terre promise, où il fut caché, avec le dépôt sacré qu'il tenait toujours sur son cœur, dans un sépulcre du mont Moria, dont une des collines s'appela depuis le Calvaire.

## VIII

### LA PLAINE COUVERTE D'OSSEMENTS

Parle, dit l'esprit de Dieu au fils de l'homme, — Seigneur à qui parlerai-je? je suis seul au milieu des morts!

Les larmes ont usé leurs yeux; le blasphème a dévoré leurs lèvres; le doute a fait évanouir leur pensée; ce sont des crânes vides et desséchés!

En vain le soleil de Dieu se lève sur eux, ils ne savent plus s'il y a un Dieu, parce qu'ils ne sentent plus la chaleur de son soleil.

Les intérêts rivaux leur ont mangé le cœur, l'égoïsme a décharné leur poitrine, et leurs entrailles se sont corrompues, parce que les affections humaines ne les faisaient plus tressaillir.

Ceux qu'ils avaient pris pour chefs les ont conduits dans le champ de la mort, et chacun d'eux s'est empressé d'y choisir une place, parce qu'un lourd sommeil les courbait déjà vers la terre : et quand ils ont dormi du sommeil de la tombe, les pasteurs de ce troupeau de cadavres se sont applaudis en disant : Nous avons donné la paix au monde !

Viens maintenant, toi que l'esprit d'avenir tourmente, fais le tour de ce royaume de la mort, et vois si tous ces squelettes ne sont pas immobiles et froids !

Chacun d'eux a creusé dans la poussière une petite fosse pour servir de lit à son crâne ; et au fond de cette fosse, il a enfoui quelques pièces d'or sur lesquelles rampent les vers qui les rongent.

Soulève dans tes mains toutes ces têtes l'une après l'autre, et parle-leur d'avenir, de patrie, de gloire, de dévouement, de liberté, de Dieu !... puis abandonne-les à elles-mêmes ; elles retomberont lourdes et froides sur leur chevet de corruption et de métal impur.

Que vas-tu faire dans l'exil de ta pensée et de ton cœur ? N'es-tu pas effrayé du bruit de ta voix sans échos ?

Vas-tu t'asseoir morne et découragé au milieu de cette plaine de cendre, et laisseras-tu tomber ta tête sur tes mains et se figer les larmes de sang de tes yeux, comme celles des statues qui semblent pleurer sur les morts ?

Aspireras-tu, pour cesser de souffrir, à devenir froid comme les figures de marbre qui sont accroupies sur les tombeaux ?

Non ! non ! tu ne le dois pas ; tu ne le peux pas ! l'esprit de Dieu te le défend !

Lève-toi et marche ; car bientôt la terre va trembler !

N'entends-tu pas fermenter quelque chose dans ses entrailles ? Ne sens-tu pas dans l'air lourd et chargé d'orages je ne sais quoi se mouvoir et s'avancer ?

Parle toujours au nom de Dieu et de sa justice ! car si tu gardes le silence, le tonnerre parlera.

La terre est étouffée dans le suaire de cette société morte qui l'emprisonne ; ses entrailles commencent à sentir les douleurs de l'enfantement, elle est en travail d'un nouveau monde !

Sous les cendres glacées qui la couvrent, sous les ossements inertes de ceux qu'on appelle les vivants, s'agitent les cendres brûlantes encore de ceux qui sont morts pour revivre dans l'avenir !

Quoi ! des esclaves contents de leurs chaînes, dorment dans leur ivresse sur le tombeau des fils de Spartacus, et ils ne rêvent pas que le tombeau s'ouvre; et ils n'ont pas peur que la terre ne s'agite!

Quoi! des pontifes, le front chargé de couronnes et les vêtements brodés d'or, sommeillent sur le tombeau des prolétaires de Galilée, et ils ne sentent pas se soulever déjà pour les repousser, les reliques encore vivantes des pauvres qui ont jugé le monde!

Ceux qui, semblables à la chenille, ont filé des tombeaux pour y faire languir la pensée en chrysalide, se tiennent pour assurés de leur captive, et ils dorment sur cette terre prophétique que travaille depuis trois cents ans le génie de Luther!

Le peuple dort fatigué de ses efforts inutiles pour s'affranchir; il dort parce que la faim a affaibli son cerveau et appesanti sa tête. Les oppresseurs du peuple dorment aussi parce qu'ils sont ivres de sang et de larmes... mais un spectre terrible soulève lentement la terre et regarde si l'heure est venue. Ses bras décharnés sortent l'un après l'autre de sa tombe; d'une main il tient une torche fumante que son souffle s'apprête à rallumer, et de l'autre un marteau sanglant..... c'est l'ombre de Thomas Munzer!

Malheur! malheur à ceux qui ne se sont pas

levés à l'appel des anges de paix lorsqu'ils ont passé en chantant la fraternité et l'amour !

Poëte de l'apocalypse, toi que Jésus avait nommé le fils du tonnerre, toi qui as tant pleuré le Dieu que tu as vu mourir; toi qui as pris les ailes d'un aigle pour aller le chercher au ciel et la voix d'une trompette guerrière pour annoncer son second avénement au monde, n'as-tu pas vu le crucifié sortir de son sépulcre et revenir vers nous? Etait-il encore doux comme une femme et soumis comme un enfant? Etait-ce toujours l'agneau paisible qui tend la gorge au couteau des sacrificateurs... ?

La première fois que le Christ est venu au monde, il est venu pour semer, répond le prophète : maintenant il va venir pour moissonner; et c'est pourquoi il viendra armé d'une faux !

Sa parole est un glaive à deux tranchants qui sort de sa bouche et qui va et vient parmi les institutions flétries du vieux monde, comme parmi des branches sèches et des épis morts.

Il est monté sur un coursier terrible que rien n'arrête; il est vêtu d'une robe triomphale taché du sang de ses ennemis; il est paré des diadêmes qu'il a repris aux rois : et l'exterminateur vole devant lui en invitant tous les vautours du ciel à un immense festin !

Il a jeté la faux dans la moisson, et les épis tombent : il a envoyé la serpe dans la vendange, et le sang coule !

Car Babylonne doit disparaître pour faire place à la nouvelle Jérusalem qui descend du ciel sur la terre, belle comme une fiancée qui vient au devant de l'époux.

Dormez votre sommeil, générations épuisées; dormez immondices humaines, grappes pressurées qui n'avez plus ni jus ni sève, épis arides qui brûlerez comme de la paille sèche quand le monde passera par le feu !

Dormez, riches! bétail paresseux que la graisse énerve; dormez, pauvres; dormez, brebis maigres et tondues jusqu'à la peau, qui n'avez plus la force de marcher ni de bêler !

Je vois au nord Attila qui se lève le fouet à la main; je vois flamboyer les yeux rouges de ses chiens et j'entends leurs aboiements; la grande chasse va recommencer, et les trompes infernales vont retentir bientôt du nord au midi.

Réveillez-vous ! réveillez-vous, vous tous qui avez

peur! Ne vous endormez pas, vous qui broutez dans les parcs de la servitude!

Hélas! vous avez cru que l'esclavage c'était le repos et que l'avilissement c'était la paix; mais il n'y a pas plus de repos pour les esclaves qu'il n'y a de paix pour les lâches!

## IX

### L'ARCHE SAINTE ET LE FEU SACRÉ

Suivant la Bible, lorsque les juifs s'en allèrent en servitude, Jérémie, le prophète des larmes, cacha le feu sacré au fond d'une citerne, et l'arche sainte dans le creux d'un rocher dont il ferma l'entrée avec soin.

Cette histoire est symbolique, comme toutes celles de la Bible.

Car la Bible ressemble à cette citerne profonde où le prophète a enfoui le feu sacré. La vérité s'y cache au fond des symboles, et la liberté sous les allégories de la loi.

La première écriture humaine était formée d'images, et la première langue des hommes a dû se composer d'analogies.

L'essence du Verbe, c'est le jugement. Or, le jugement suppose la liberté : le Verbe est donc essentiellement libre.

Lorsque l'homme, abusé par la folie du pouvoir, a commencé à tyranniser la parole, le Verbe a dû s'envelopper d'allégories mystérieuses : c'est-à-dire chercher des analogies plus savantes et des images moins accessibles à l'intelligence de tous.

L'Egypte inventa alors ses hiéroglyphes obscurs, et cherchant dans toutes les formes animales des analogies instinctives et passionnelles, composa cette synthèse humaine dont le sphinx résume le mystère en se posant immobile devant le doute de la science, et qu'élève jusqu'au ciel, par la divinité des épreuves et de l'amour, le couple rayonnant d'Isis et d'Osiris.

La lyre d'Orphée, qui entraînait les rochers et amollissait le cœur des chênes, symbolise en Grèce la puissance de l'harmonie. Il chantait, et ses paroles divines sortaient de sa bouche si vivantes, si parfaitement belles et si puissamment colorées, qu'elles montaient au ciel, se cachaient sous l'onde, se glissaient sous l'écorce des chênes et devenaient des nymphes, des génies, des déesses et des dieux.

Le vulgaire ne voyait que la forme et matérialisait la pensée. L'idolâtrie fut dans tous les temps et dans toutes les religions le culte de la lettre morte; mais pour l'homme intelligent et libre, la forme n'est rien sans la pensée qui la rend vivante. « Les paroles que je vous dis sont esprit et vie ! a dit plus tard le plus grand des hiérophantes, en formulant le plus divin de tous les symboles, et ici la chair, c'est-à-dire l'enveloppe matérielle, n'est bonne à rien ! » Le Christ venait pourtant de dire, en parlant du pain fraternel : Je donnerai ma chair pour le salut du monde, et vous mangerez ma chair et vous boirez mon sang !

Ainsi le bramanisme, les hivaïsme, le culte hiéroglyphique d'Osiris, l'hellénisme, le mosaïsme et le christianisme ne sont que les enveloppes successives d'une seule et même vérité religieuse, dont l'expression symbolique devient plus claire et se simplifie à mesure que le Verbe humain se divinise en s'affranchissant.

Car il n'y a de vraie religion que pour les hommes libres. Les esclaves sont tous des idolâtres.

« Vous connaîtrez la vérité et la vérité vous affranchira » a dit le maître.

Mais tant que les hommes feront passer les intérêts de la vie animale avant ceux de la vie spirituelle, ils seront esclaves.

Tant que la vérité religieuse sera pour eux une chose indifférente ou secondaire, ils ne pourront obéir qu'à la force et régner que par le droit du plus fort. Et voilà ce qui constitue la servitude.

Les peuples qui servent des maîtres injustes et qui obéissent tout en se plaignant de leurs maîtres, ne sont que de mauvais esclaves. Il faut les surveiler pour qu'ils ne se révoltent pas, et les punir lorsqu'ils murmurent.

Nulle domination n'est injuste tant qu'un peuple la souffre : car les peuples savent bien qu'ils sont les plus forts dès qu'ils le veulent.

Mais un peuple qui a peur n'est pas un peuple ; c'est une meute de chiens édentés.

Un peuple qui veut manger et boire, et qui se soucie peu d'être libre, n'est qu'un troupeau d'animaux immondes.

Un peuple qui ne cherche pas à s'instruire et qui ne préfère pas à toutes choses les richesses de l'intelligence, ne sera jamais un peuple libre.

Or, maintenant encore, la vérité lutte contre le mensonge, les instincts animaux cherchent à étouffer l'intelligence, les hommes corrompus sont en plus grand nombre que les hommes justes, et les hommes d'avenir sont persécutés par le mépris, par la faim, par la calomnie : c'est pourquoi ils cachent encore, comme le prophète des lamentations, le feu sacré dans la citerne et l'arche sainte au flanc de la montagne.

C'est pourquoi nous invoquons encore le symbolisme des vieux hiérophantes, et nous ne soulevons qu'à demi le voile du sanctuaire ; afin que l'ignorance soit libre encore de ne pas voir, car l'intelligence ne doit jamais être forcée : elle est essentiellement libre.

C'est pourquoi celui qui écrit ces pages symbolise sous le nom de Lucifer le génie exilé et la pensée laborieuse : c'est pourquoi il suppose que la Liberté est une étoile réservée pour le ciel de l'avenir et qu'elle est cachée dans une arche transmise d'âge en âge aux prophètes, c'est-à-dire aux intelligences les plus avancées et aux cœurs les plus aimants, et cachée par le dernier des hommes libres de la Judée dans une caverne, d'où elle devait sortir pour illuminer le jour de la naissance de l'Homme-Dieu, c'est-à-dire de l'homme libre ; pour appeler, de toutes les parties du monde ancien, les rois de la science et de la pensée au berceau du monde nouveau; pour rayonner sur l'étable de Bethléem, et proclamer la royauté du peuple devant les frayeurs d'Hérode.

Ceux qui voudront voir alors, se réjouiront de la lumière de l'étoile nouvelle; mais ceux que tourmente la lumière, et qui ne trouvent le repos de leurs yeux que dans la nuit, fermeront les yeux et égorgeront tous les enfants, c'est-à-dire étoufferont toutes les pensées nouvelles, dans l'espérance que la vérité succombera; comme si l'on pouvait tuer Dieu, et comme si la Liberté n'était pas immortelle !

# X

## LA NAISSANCE DE LA LIBERTÉ

A l'époque où l'humanité semblait prête à périr, ensevelie sous les ruines du despotisme romain, qui s'écroulait de lui-même, naquit un homme, que nos symboles religieux appellent le Verbe fait chair, c'est-à-dire la parole incarnée.

Toute l'intelligence et tout l'amour des siècles précédents se résumèrent en lui, et ses enseignements ouvrirent une carrière nouvelle à l'intelligence agrandie et à l'amour régénéré.

Et il fut appelé le Dieu fait homme, parce qu'en lui et par lui l'humanité se faisait Dieu.

Il fut le type de l'unité humaine, et mérita, par le plus parfait dévouement, de devenir le chef moral de l'association universelle.

Il renonça volontairement, et par amour pour

nous, à la chair et au sang qu'il avait reçus de sa mère; il livra sa chair au supplice et son sang à la terre, qui s'en abreuva, et ne voulut plus avoir, pour corps toujours vivant et pour sang immortel, que le pain et le vin de la communion des frères.

Il était la parole incarnée, parce qu'il était la forme parfaite de la pensée du créateur. Or la pensée de Dieu n'est pas autre chose que Dieu même; et la pensée de Dieu ayant pour terme la forme humaine, pouvait être appelée Dieu fait homme.

Le Christ est venu enseigner au monde la plus haute perfection humaine, qui est dans le plus grand amour; et en cherchant à nous rendre conformes à cette perfection dont il est le type, il veut que nous soyons Dieu comme lui, c'est-à-dire l'expression parfaite de la pensée du créateur et la satisfaction de sa volonté.

Cette grande et sainte idée de la communion de tous les hommes et de leur union avec Dieu, par la médiation d'un chef spirituel dont le nom est *parole incarnée*, et dont tous les hommes peuvent être le sang et la chair, cette adorable révélation, dis-je, reçue et adorée du monde, fut la base de la fraternité universelle, de l'égalité devant Dieu et de la liberté pour tous.

Malgré les rois qui voulaient l'étouffer au berceau, malgré les prêtres qui l'excommuniaient et qui la chargeaient de calomnies, malgré les juges corrompus qui l'ont condamnée et les bourreaux qui l'ont clouée à une croix, la parole vraie, la parole juste, la parole qu'on ne démentira pas, a passé à travers le monde, et pendant qu'on la croyait morte avec Jésus le Galiléen, elle parcourait la terre avec les apôtres du Crucifié et venait s'asseoir enfin sur le trône des César triomphante et ressuscitée.

Avec la Vérité avait pu naître enfin la Liberté sainte.

C'était cette vierge divine qui voyageait toujours avec la Vérité, sa sœur, qui se cachait avec elle dans les catacombes, qui venait murmurer dans les prisons une parole d'immortalité à l'oreille des martyrs et qui les accompagnait jusqu'au supplice.

On vit alors de faibles femmes et de simples enfants sourire de pitié en face des tyrans et des bourreaux, et en appeler de leur sentence à la vérité suprême.

Les empereurs se sentirent faibles; et de peur d'être détrônés par la parole chrétienne, ils résolurent de l'associer à leur empire, pour essayer de la corrompre. Les César furent jaloux des martyrs, dit

Tertullien, *et si l'on pouvait être à la fois César et chrétien*, ils eussent eux-mêmes adoré la victime de Tibère.

C'est que la Liberté avait visité le monde le jour où il avait été dit par une voix reconnue pour divine : N'appelez personne sur la terre votre maître ou seigneur ; Dieu seul est votre seigneur et maître ; quant à vous, vous êtes tous frères. N'appelez personne sur la terre votre père, vous n'avez tous qu'un père, c'est Dieu.

Toutefois, les empereurs purent espérer, lorsqu'ils offrirent à l'église un lambeau de leur pourpre et l'ombre de leur diadème, qu'un temps viendrait où le vicaire du Christ, s'arrogeant le nom du trois fois saint, se ferait appeler très saint père, et où les successeurs des apôtres souffriraient qu'on les appelât monseigneur.

Ces choses sont arrivées ; mais la parole du Christ n'a pas changé : c'est elle qui changera le monde. Le ciel et la terre passeront, avait dit le maître, c'est-à-dire les institutions religieuses et politiques seront renouvelées, mais ma parole ne passera point. Parole de liberté, d'égalité et de fraternité, qui vient de Dieu même, testament éternel des martyrs, contrat sacré de l'émancipation humaine, code immuable où sont condamnés à la fois les esclaves et les tyrans, titre divin de la noblesse universelle et égalitaire ; malheur à qui ne te comprend pas, malheur a qui peut douter de toi ; mais trois fois malheur à ceux qui cherchent à te corrompre et à te faire mentir au profit de la servitude !

C'est en effet à la promulgation de l'Evangile que commence le véritable affranchissement de la race humaine.

Les républiques de Sparte et de Rome n'avaient été que des associations de tyrans. Sparte opprimait les Ilotes ; Rome opprimait le monde entier, et toutes deux avaient des esclaves.

Avant que l'émancipation par l'intelligence et par l'amour fût proclamée dans l'Evangile, l'homme ne pouvait s'émanciper que par la force. Or, l'émancipation violente des plus forts a été l'origine de la tyrannie; car c'est pour n'avoir pas de maîtres, que les premiers hommes, puissants par la crainte qu'ils inspiraient, se sont faits les maîtres des autres.

Que l'Evangile soit donc pour nous tous le livre sacré, le livre divin, le livre éternel !

Mais ne l'entendons pas comme les idolâtres qui s'en tiennent à la lettre; souvenons-nous que le Christ a enveloppé la vérité naissante dans des paraboles comme dans des langes, et que ses disciples l'ont imité.

Initiés aux secrets du maître, lorsque le Christ fut mort pour le salut des hommes, ils comprirent qu'il ressuscitait en eux tous, et qu'il revivait immortel dans l'humanité tout entière.

C'est pourquoi le prenant pour le symbole de l'unité, ils écrivirent sa légende mystique dans la langue poétique des comparaisons et des paraboles, si familière aux Orientaux.

C'est ainsi que, pour détruire la flétrissure originelle et réhabiliter la naissance de l'homme, ils conservèrent à la mère de Jésus les honneurs de la virginité.

Ils firent voir le Saint-Esprit lui-même présidant aux saints mystères de la conception, pour apprendre aux hommes que le véritable amour vient de Dieu, que c'est Dieu même; et qu'ils seront les enfants de Dieu lorsqu'ils naîtront du véritable amour.

C'est ainsi qu'ils nous montrèrent Jésus triomphant des tentations de l'orgueil et de la convoitise animale, et servi par les anges dans le désert, après avoir mis le mauvais esprit en fuite.

C'est ainsi que, pour nous montrer la puissance de la parole qui créait un nouveau monde moral, ils nous font voir Jésus apaisant les tempêtes, guérissant les malades, ressuscitant les morts et multipliant les pains pour nourrir le peuple; car la parole évangélique apaise les orages des mauvaises passions, guérit les maladies morales de l'humanité, et peut multiplier par la fraternité et l'association, les aliments nécessaires, qui maintenant encore ne sont pas suffisants pour tous.

Comment les hommes ont-ils si peu d'intelligence ou une volonté si perverse? comment se fait-il que, depuis plus de dix-huit cents ans, ils disputent sur la parole sans en avoir compris le sens?

Comment le peuple a-t-il pu croire qu'un Dieu viendrait parler à la raison pour confondre la raison, qu'il descendrait du ciel pour tendre des piéges aux hommes, qu'il tromperait l'humanité en faisant semblant de vouloir le salut de tous et en rendant le plus grand nombre responsable des vérités qu'il ne leur eût pas fait comprendre, qu'il mourrait enfin sur la croix pour racheter tous les hommes, et les laisser se perdre ensuite à la réserve de quelques prêtres et de leurs imbéciles séides!

C'est que la parole sainte n'a pas encore été débarrassée de ses langes; c'est que la parole libre n'a pas encore été entendue; c'est que la Liberté, chassée bientôt de l'église corrompue comme le Christ l'avait été de la synagogue, a erré, depuis dix-huit cents ans, de solitudes en solitudes et d'exil en exil.

Et quand elle se présente devant les villes où siégent les gardiens de la vieille servitude, on ferme les portes ; et lorsqu'elle veut parler, on étouffe sa voix ; et ceux qui la connaissent ne peuvent parler d'elle encore qu'en termes symboliques et figurés.

C'est pourquoi nous allons la personnifier sous la figure d'une femme dont nous essaierons de raconter les voyages et les douleurs.

## XI

### LA PROSCRITE

Dans le ciel, c'est-à-dire dans les régions abstraites de la pensée et de la poésie, l'apôtre saint Jean vit apparaître une femme dont le soleil était le vêtement. Elle était ainsi couverte de lumière, et la vérité même était sa seule parure; elle avait sous les pieds la lune, cet astre mort à la lumière empruntée, qui a toujours été le symbole de l'église temporelle et de la servitude de la lettre; et sur sa tête, elle avait pour couronne tout un cycle étoilé : douze étoiles, un zodiaque de lumière, tout le ciel de l'intelligence avec la zone de ses astres.

Cette femme, c'était la Liberté.

Or, elle était enceinte et poussait les cris de l'enfantement : mais devant-elle, le despotisme figuré par un monstre aux sept têtes couronnées, attendait l'instant de sa délivrance pour dévorer l'enfant qu'elle mettrait au monde.

Elle mit au monde un enfant mâle ; c'était le verbe de liberté, c'était l'organe de cette parole toute puissante, qui doit faire marcher un jour tout le troupeau humain sous sa verge de fer. Mais l'enfant de la Liberté n'ayant pas encore de place sur la terre, fut enlevé au ciel où il se cacha sous les voiles du symbolisme religieux.

Cependant la femme, poursuivie par le monstre couronné, s'enfuit au désert ; et comme l'affreux serpent allait l'envelopper dans ses replis, elle sentit qu'elle avait des ailes comme l'aigle, et s'élevant au-dessus du reptile royal, elle disparut dans les solitudes où Dieu lui avait préparé un asile.

Dès les premières années de l'association chrétienne, la Liberté fut insultée, à Corinthe, par les riches qui apportaient au banquet de la communion des mets choisis pour les manger seuls, tandis que les pauvres avaient faim. La Liberté, qui n'a pas de plus mortel ennemi que l'égoïsme, s'enfuit alors indignée et alla se plaindre aux apôtres.

Mais en vain l'éloquence populaire de saint Paul essaya de ramener les chrétiens à la communauté des premiers jours. Les riches s'étaient introduits dans l'association avec leur génie propriétaire ; bientôt la communion ne fut plus une réalité, mais un symbole d'avenir ; et à la cène fraternelle succéda une cérémonie mystique semblable aux rites d'Eleusis ou de Mitthra. Le sacrement de l'alliance devint un mystère que les prêtres seuls s'arrogèrent le droit de célébrer, même lorsqu'ils ne furent plus choisis par le peuple pour présider aux assemblées.

C'est ainsi que la Vérité, après avoir brillé un instant de tout son éclat comme le Christ sur le Thabor, fut obligée de voiler ses rayons et d'attendre la Liberté, sa sœur, que l'égoïsme avait exilée.

Ainsi, les symboles seuls furent changés; le monde était toujours le même, et la synagogue, meurtrière du Christ, eut dans l'église hiérarchique une fille digne de sa mère.

La Liberté, alors, s'enfuit au désert avec les premiers ascètes. Là se formèrent des communautés laborieuses et douloureuses, des communautés de pauvreté, d'abstinence et d'abnégation, pour protester généreusement contre l'égoïsme de la propriété et les instincts ambitieux et rapaces qui envahissaient le sanctuaire.

Les pères du désert furent aussi les premiers martyrs du christianisme corrompu.

Mais au bout de quelques années, les richesses du siècle allèrent tenter les faibles disciples des Hillarion et des Jérôme; le monde envahit le désert; on chercha la solitude, non plus pour protester contre la corruption du monde, mais pour s'exempter des devoirs de la vie sociale; et le nom de moine devint le synonyme de l'ignorance paresseuse et de la superstition hypocrite.

La Liberté, alors, quitta en gémissant les cloîtres, où pendant quelque temps elle s'était cachée, et s'en alla par les villes et les campagnes, cherchant les parias, les excommuniés et les maudits.

Elle se souvint de ceux qui avaient veillé sur son berceau, elle se rappela les noms de ceux qui s'étaient transmis l'arche de l'étoile.

Elle n'avait pu oublier que Moïse avait été un meurtrier, un vagabond, un conspirateur, un rebelle et un spoliateur de l'Egypte.

Elle savait que tous les prophètes avaient été poursuivis de caverne en caverne, comme des insulteurs de rois, des séducteurs du peuple et des fléaux publics.

Elle avait toujours présents à la mémoire, les

crimes reprochés au Verbe incarné lui-même, à Jésus, le sauveur du monde, cet ouvrier qui ne travaillait pas et menait la vie d'un vagabond, traînant après lui au désert une foule séditieuse et avide de nouveautés, qu'il détachait de ses anciennes traditions et du respect de ses prêtres. Ce sectaire qui vivait au hasard d'aumônes ou d'épis arrachés dans les champs des autres, et qui, détournant les hommes de la lie du peuple, tels que des pêcheurs de poissons et des receveurs d'impôts, s'en faisait un cortége enthousiaste en leur promettant une place dans son royaume. Ce révolutionnaire qui parlait d'aplanir les montagnes et d'élever les vallées, qui criait malheur aux riches, qui protestait sans cesse contre la propriété par ses paroles et par ses actes, qui pardonnait à la femme adultère, qui faisait de l'amour d'une prostituée le contre-poids aux péchés de cette malheureuse, et qui souffrait sur ses pieds les baisers et les parfums qu'elle y répandait en présence de la morale indignée, représentée par Simon le lépreux et par les pharisiens.

La Liberté savait encore quel cas le Sauveur avait fait de l'excommunication de la synagogue, qu'il regardait pourtant comme la vraie église officielle de son temps; et combien peu il s'était effrayé des malédictions de Caïphe, bien qu'il le reconnût comme le souverain pontife du culte israélite, auquel il n'avait pas cessé lui-même d'appartenir.

S'étant donc rappelé le souvenir de toutes ces choses, la Liberté chercha les prophètes de la loi nouvelle; elle prit le nom d'Héloïse, pour inspirer par son amour l'éloquence libre d'Abeillard, dont la virilité fit peur aux prêtres de son temps : mais le courage de l'apôtre échappa au fer des assassins, et Fulbert ne put faire mutiler l'âme du docteur de la raison et de l'amour.

Car l'amour n'est pas seulement créateur par les sens, il seconde aussi les âmes, et c'est pourquoi l'église officielle était devenue stérile.

En condamnant ses ministres au célibat du cœur, elle les avait rendus impuissants par l'esprit.

C'est pourquoi la plus sainte des protestations fut le mariage de Luther.

Parce que l'intelligence de l'homme doit être virile, et parce que la Liberté n'est pas faite pour des eunuques.

Aussi comme elle eut de superbes amants, cette beauté dévorante!

Comme ils étaient fiers de leur exil! comme ils triomphaient dans leur martyre!

Les plus grands révolutionnaires furent peut-être ceux qui comprirent le mieux le génie de la femme.

Jésus seul paraît n'avoir pas eu besoin des leçons d'une amante, pour aimer l'humanité avec un cœur de mère, parce que Jésus lui-même était doux et bon comme une femme ; aussi se fit-il adorer !

La plupart des protestants illustres furent soutenus par l'amour de la femme, et on leur a souvent reproché ce qui fait leur gloire.

Mais qu'importent les imprécations d'un monde, lorsqu'il faut à ce prix mériter un sourire de celle qui ne sourit jamais aux lâches !

Elle a donc traversé les siècles d'attente dans la société des proscrits, la sœur de la Vérité éternelle, l'incorruptible Liberté !

Elle combattait avec les disciples de Valdo, elle inspirait Amaury de Chartres, elle inaugurait le sacerdoce de la femme sous le nom de Guillemette-la-Milanaise.

Elle montait sur le bûcher des Albigeois, et s'enveloppait avec eux dans une auréole de flammes ; là, épurant leurs âmes de toutes leurs erreurs, elle les aidait à quitter leur enveloppe mortelle et enlevait au ciel ces nouvelles victimes de la tyrannie de l'homme contre la conscience, pour les faire asseoir à côté des anciens martyrs.

Elle remuait Florence avec la voix de Savonarole, elle protestait avec François d'Assises contre la propriété par la pauvreté volontaire.

Elle faisait rougir le lâche empereur Sigismond, sous le regard de Jean Hus marchant au supplice; elle inspirait le noble repentir de Jérôme de Pragues, lorsqu'il abjura une coupable rétractation pour suivre son maître sur le bûcher.

Réfugiée ensuite en Bohême, elle suivit les étendards de Jean Zisca. Pâle, échevelée, montée sur un cheval de guerre, elle poussait un long cri de vengeance contre les assassins, et agitait une torche qu'elle avait allumée au bûcher de Jean Hus, et qui ne devait s'éteindre peut-être qu'après avoir consumé le Vatican!

Luther répéta devant l'Allemagne ce que la Liberté lui soufflait à l'oreille, et l'Allemagne entière se leva pour la Liberté, mais elle choisit pour amant Thomas Munzer et l'exalta d'une sainte folie d'amour : le prophète des vengeances populaires devança de trois siècles l'époque des réactions et mourut abandonné de tous les hommes; mais consolé par la Liberté sainte, qui lui tendait les bras du haut du ciel, en lui promettant des disciples et des vengeurs dans un menaçant avenir.

Après les laboureurs du seizième siècle, vinrent les semeurs du dix-huitième : un souffle d'impiété hâta la maturité de la moisson maudite; puis vint la terrible moissonneuse, la révolution française, suivie de ses implacables faucheurs.

La Liberté déjà ne luttait plus, elle punissait! elle déployait les ailes noires de l'ange exterminateur et promenait sur toutes les têtes le niveau de sa grande épée!

Un homme alors, dédaigné par elle, voulut lui discuter l'empire du monde; et pour lui créer une rivale, il séduisit la Gloire; ou plutôt il en donna le nom à la victoire, qu'il semblait enchaîner à sa suite.

Mais la victoire aime la Liberté; elle fut infidèle à son nouveau maître; et l'empereur parut vraiment grand, lorsque la Liberté lui pardonna en le voyant captif, et protesta au nom du monde entier, contre la race inhospitalière qui avait livré au vautour, sur un rocher au milieu de l'Océan, le cœur saignant du nouveau Prométhée.

Maintenant que fait-elle? où est-elle la noble exilée? elle a passé parmi nous et nous est apparue pendant trois jours, il y a dix-huit ans. Mais on a depuis bâti des murailles et des forts qu'on doit garnir d'armes et de sentinelles pour l'empêcher de revenir.

Rien qu'en entendant prononcer son nom, les maîtres du monde pâlissent et les mauvais prêtres étendent les mains pour maudire.

Si un peuple lui a donné asile un seul jour, des rois envoient des bourreaux contre ce peuple et semblent faire au déicide des pharisiens une concurrence jalouse par le meurtre des nations.

Repose-toi, comme le Christ, dans ton linceul, Pologne malheureuse et sainte! ils ont mis sur toi une pierre scellée de leur sceau, et devant la pierre, ils ont mis des gardes...

Attends en paix l'aurore du troisième jour!

## XII

### L'ÉMANCIPATION DE LA CONSCIENCE HUMAINE

Adore les dieux auxquels tu ne crois plus, ou tu seras puni de mort, disaient les persécuteurs aux premiers chrétiens.

La mort vaut mieux que la lâcheté et le mensonge, répondaient les martyrs : notre corps peut être livré à vos bourreaux, mais notre âme vous échappe, elle est immortelle.

Crois ou meurs ! disaient les inquisiteurs aux protestants; et les protestants répondaient : Ce n'est pas la crainte de la mort qui peut faire croire ou ne pas croire; nous pourrions feindre et vous tromper : mais la mort vaut mieux que la lâcheté et le mensonge; notre corps peut être livré à vos bourreaux, mais notre âme vous échappe, elle est immortelle!

L'ancienne Rome fut renversée par les martyrs,

car les états ne subsistent que par leurs lois : or, un seul assassinat juridique suffit pour frapper de mort toutes les lois qui ont pu concourir au meurtre d'un innocent.

Il en a été de même de la Rome pontificale, et la mort violente d'un seul protestant eût suffi pour transmettre une tache de sang au front de tous les pontifes qui n'auraient pas ordonné des expiations publiques pour cette abomination !

Pasteurs, devenus bouchers, il fallait désormais leur donner pour insignes, au lieu de deux clés, une torche et un couteau.

Vicaires de celui qui s'est fait victime pour tous et qui n'a condamné personne, ils ont donné un sanglant démenti à leur maître, ils ont brisé le roseau déjà cassé, ils ont égorgé la brebis égarée, au lieu de la porter sur leurs épaules, pour la ramener au bercail.

Ils avaient reçu, disaient-ils, le pouvoir de lier et de délier, et, au lieu d'enchaîner l'égoïsme des maîtres et de délivrer les esclaves, comme le Sauveur l'avait entendu, ils voulaient garrotter la pensée, lier les ailes du génie, enchaîner la conscience des pauvres et délier de toute crainte l'oppression des grands et le fanatisme haineux des faux docteurs.

Ainsi s'accomplissait ce mystère d'iniquité qui se formait du temps même de saint Paul, et qui, au dire de cet apôtre, devait succéder, dans Rome même, à l'empire chancelant des César.

Toute atteinte violente portée à la liberté intérieure de l'homme, est un déicide; car notre liberté de conscience, c'est l'image vivante de Dieu en nous, et notre for intérieur est le sanctuaire inviolable de Dieu même.

Aussi la chute de l'hellénisme fut elle l'expiation de la mort de Socrate, et le judaïsme ne se releva-t-il pas des coups qui avaient tué Jésus et ses apôtres.

C'est que la conscience humaine est immortelle, c'est que nul pouvoir ne peut la contraindre, et si, dans l'espérance de la faire taire, on ordonne à la mort de fermer violemment la bouche des martyrs, elle crie par toutes leurs blessures et élève jusqu'au ciel cette implacable voix du sang, qui poursuivait Caïn par toute la terre et ne lui laissait pas de repos.

Que l'homme se trompe dans ses croyances, Dieu l'a permis et la faiblesse humaine l'explique; mais qu'on punisse une erreur comme un crime, mais qu'une société se dise mère et ordonne le supplice de ses enfants qui tombent, mais que les ministres d'un Dieu de miséricorde aient cru pouvoir prévenir les punitions de l'autre vie et ouvrir à leurs frères égarés les portes de l'éternité malheureuse! Dieu l'a laissé faire; il est patient parce qu'il est éternel, a dit un père; mais il a marqué au front, d'un signe pire que celui de Caïn, tous les maudits qui l'ont fait et tous ceux qui l'ont approuvé, et tous ceux qui approuvent encore ou qui excusent de semblables crimes.

Non, ce n'étaient pas des protestants et des juifs que l'inquisition brûlait sur ses bûchers; c'étaient la puissance catholique elle-même et le siége pontifical, et les décrets des conciles.

Quant aux hérésiarques et aux sectaires, il en fut, sans doute, de bien extravagants dans leurs visions, de bien dépravés dans leur culte, de bien criminels dans leurs actions publiques et privées.

Mais, tant qu'ils ne furent pas punis seulement pour leurs crimes contre les lois temporelles, mais pour le fait de leurs croyances, et tant qu'ils n'abjurèrent pas ces croyances par une lâche crainte, mais les confessèrent généreusement jusqu'à la mort, ils furent purifiés de leurs erreurs et justifiés de leurs crimes par un supplice injuste; ils moururent pour la plus sainte des lois : la liberté de conscience; ils furent associés aux saints et aux martyrs de la foi la plus pure, et devinrent, au ciel, les accusateurs et les juges de leurs bourreaux.

Socrate n'est-il pas, dans la conscience humaine, plus grand que tout l'aréopage, et ne domine-t-il pas, sa coupe de ciguë à la main, toutes les gloires de la Grèce?

Qui donc oserait, maintenant, condamner encore Socrate et justifier Anitus?

Souvent, dans les voyages auxquels la force son exil, la Liberté fut prise et chargée de chaînes par les satellites des rois; souriante et calme, elle attendait l'heure du supplice; la hache, au lieu de lui trancher la tête, ne brisait que ses chaînes ; la flamme des bûchers consumait ses liens, elle se relevait triomphante sur les échafauds, elle restait debout sur la cendre éteinte des bûchers, et, passant à travers les bourreaux, pâles et consternés, elle s'éloignait avec dédain.

Ainsi, la Liberté profite de tous les efforts qu'on fait contre elle, et les tyrans, qui veulent en être les geôliers et les bourreaux, n'en sont que les esclaves involontaires.

Tout ce que les hommes font pour comprimer la pensée, la fait éclater avec plus de force. Les mensonges qu'ils appellent au secours de leur pouvoir, sont les accusateurs publics de leur pouvoir même; l'épée sur laquelle ils s'appuient leur entre dans la main, et plus les dominateurs se montrent injustes et corrompus, plus les amis de la Liberté doivent se réjouir.

S'il en est ainsi, jamais peut-être de plus grands sujets de joie ne leur furent donnés que de nos jours, et tous les hommes d'avenir doivent espérer, car le mal est venu à son comble.

Maintenant un pacte de famine est conclu entre les riches sans entrailles, pour exploiter à jamais le pauvre peuple et le retenir dans la servitude, où il travaille sans être nourri.

Maintenant, on ne brûle plus ceux qui ont parlé librement, mais on bâillonne par des lois de peur ceux qui voudraient parler; on étouffe la voix de ceux qui protestent, on falsifie la parole des amis du pauvre, on calomnie ceux qui se dévouent, on les abreuve de dégoûts et on les fait mourir de découragement ou de faim.

Jamais guerre plus acharnée et plus dangereuse ne fut faite à la Liberté de conscience, car celle-ci est plus occulte, plus persévérante et plus sûre.

On sait que le silence fait mieux mourir la vérité

que l'éclat des condamnations; les hommes de nos jours se fient à la pesanteur de leur inertie et à la putréfaction de leur cœur pour énerver et empoisonner les hommes d'action.

Mais, quand l'air est trop chargé de miasmes putrides, il se purifie par des orages ! Vous avez bouché vos oreilles pour ne pas entendre les murmures du vent; vous entendrez la foudre !... et il sera trop tard.

## XIII

### LA LIBERTÉ CRUCIFIÉE

Ce que le Christ a enduré une fois pour le salut du monde, la Liberté l'a souffert pendant plus de dix-huit siècles, et son supplice recommence toujours.

Souvent, lorsque les populations viennent au devant d'elle avec des acclamations et des palmes, elle peut prévoir une trahison prochaine, l'abandon de tous ceux qui la suivent et les imprécations de cette même foule qui l'idolâtre.

Lorsqu'elle s'assied à table avec douze hommes qui se disent ses amis, elle peut, sans craindre de se tromper, dire que, sur les douze, il se trouvera un renégat et un traître.

Si elle sort, la nuit, pour s'entretenir avec les tristes pensées de son cœur, ceux qui l'accompagnent, et à qui elle se confie, s'éloignent, se fatiguent et s'endorment.

Le découragement et l'ennui s'emparent des plus fervents, leur zèle se change en indifférence et ils dorment, pendant que la Liberté se tord dans les angoisses d'une suprême agonie.

Et lorsqu'elle revient vers eux, brisée de ses luttes contre la main fatale qui lui présente le calice de douleurs, elle essaie en vain de les réveiller : leur tête lourde se soulève et retombe ; leurs yeux s'entr'ouvent sans regarder, et leur langue engourdie bégaie à peine des mots inarticulés et sans suite.

Ils dorment, mais la trahison veille ! Voici Judas avec les satellites des princes des prêtres, voici l'hypocrisie libérale qui a vendu la Liberté pour quelques pièces d'argent, et qui se prépare à la livrer à ses bourreaux par un embrassement de reptile.

Ils se réveilleront quand il sera trop tard ! Ils se réveilleront quand celle qu'ils devaient défendre sera liée et garrottée ! Ils se réveilleront pour s'enfuir, et c'est à peine si une main timide frappera, pour sa défense, un coup ridicule et mal dirigé.

Ce n'est pas l'oreille des valets qu'il faudrait couper, c'est la langue de ceux qui commandent le déicide !

Quand la Liberté est trahie et lorsqu'elle est tombée entre les mains de ses assassins, on la traîne devant les pontifes pour qu'ils la condamnent.

Aujourd'hui, la Pologne ; demain, peut-être, l'Irlande ; toutes les nations qui ont combattu pour elle et qui ont été opprimées par le nombre, peuvent bien s'attendre à être reniées par les successeurs de Pierre.

Pierre ! Pierre ! pourquoi te laisses-tu intimider par la politique des cours, cette lâche servante des rois ? Le coq populaire ne dormira pas toujours sur le fumier : tes larmes couleront lorsqu'il chantera, mais ton crime sera consommé !

Es-tu la fille de Dieu, demandent les mauvais prêtres à la Liberté, lorsqu'ils la voient impunément souffletée par des valets ? Et si elle leur déclare sa dignité divine, ils disent qu'elle a blasphémé, et leurs complices s'écrient qu'elle mérite la mort.

Alors on la livre à la valetaille du pouvoir ; alors on lui bande les yeux, et les plus lâches de ses ennemis la frappent ; puis on la traîne de tribunaux en tribunaux : les uns déclarent qu'elle est folle, d'autres refusent même de l'entendre ; on la flagelle, on la revêt des insignes d'une royauté dérisoire pour la faire mépriser par une multitude avilie ; puis on la charge elle-même de l'instrument de son supplice et on la fait mourir entre des malfaiteurs.

Il est, au monde, une nation que Dieu semble avoir choisie entre toutes pour être la patrie de l'auguste exilée : le nom même de France signifie Liberté, et jamais les idées généreuses n'avaient été sans échos parmi les enfants de la France.

C'est en France que la Liberté fit, un jour, son entrée triomphale, comme Jésus à Jérusalem, aux acclamations du peuple qui jetait, sur son chemin, des fleurs et des palmes.

Mais le génie impur de la propriété égoïste avait peur d'elle, et, semblable à cet affreux Judas qui tient la bourse dans les images de la cène, il méditait son crime au banquet même de la fraternité populaire, et avait déjà vendu la Liberté aux agents des Caïphe et des Hérode de ce temps-là.

Trahie par ses faux amis, abandonnée de tous, nous avons vu un soldat couronné l'attacher à la selle de son cheval et la traîner captive.

Puis sont revenus les hommes à qui l'exil n'avait pu rien faire oublier ni rien apprendre ; ceux que la Liberté avait chassés devant elle sont devenus ses juges, et ils l'ont accusée de mensonge et de blasphème; des valets du pouvoir l'ont souffletée, en face de la France, à la tribune des représentants du peuple, en la personne de ses défenseurs.

Puis on a changé de ministres et de maîtres pour amuser l'opinion, mais c'était toujours la Liberté qui était la victime et qu'on renvoyait ainsi de Pilate à Hérode et d'Hérode à Pilate.

Que ce soit par Thiers ou par Guizot, que nous importe, si la Liberté doit toujours être condamnée!

Mais nous en sommes venus à ce degré de misère que le peuple même est devenu l'ennemi de celle qui meurt pour le sauver. Depuis dix-huit ans, une infatigable corruption travaille les masses; l'impudeur publique a flétri l'orgueil de la nation prétendue libre; le matérialisme industriel a épuisé toutes les énergies; le scepticisme politique a engourdi tous les partis; la soif de l'or a absorbé toutes les ambitions; la vertu, l'honneur, la gloire, sont devenus des problèmes d'arithmétique, dont les chiffres représentent des pièces d'or; on a crucifié la Liberté avec des clous d'or, et l'on oublie cette austère maîtresse des peuples dans les angoisses de son agonie, car la sévérité de ses enseignements fatiguerait la conscience d'une génération corrompue; ils se sentent soulagés depuis qu'ils n'entendent plus sa voix, et ils en viennent à se croire libres, parce qu'ils sont affranchis d'elle!

Les instincts voraces de la brute, l'amour de l'or qui les satisfait, la haine de tout ce qui les comprime, l'indifférence pour tout ce qui leur est étranger, le dégoût pour tout ce qui est beau, le sarcasme pour ce qui est grand, voilà tout ce qui meut encore ce bétail dont la mort compte déjà les têtes et que la servitude a marqué sur le dos.

La pensée est libre, disent-ils, parce qu'ils n'ont plus de pensée! — Nous force-t-on de croire à quelque chose? Nous demande-t-on du talent? La nullité n'est-elle pas admissible à toutes les charges, à tous les rangs? Que nous importent à nous les utopies des rêveurs? La police a raison d'étouffer les bavardages de ces gens-là.

La parole est libre, disent-ils, nous empêche-t-on de mentir dans notre intérêt? y a-t-il des lois contre le parjure? ne peut-on pas afficher hautement la corruption la plus effrontée? ne laisse-t-on pas déclamer les partisans des vieilles idées et ceux qui n'ont aucune espèce d'idée? Quant aux agitateurs qui s'occupent de religion et de socialisme, on fait bien d'imposer silence à ces gens-là. On a raison de fermer leurs cours publics, d'intimider leurs imprimeurs, de payer leurs libraires pour décrier leurs livres, de leur interdire l'accès des journaux. Ces gens-là conspirent contre notre Liberté, puisqu'ils veulent nous forcer à n'être ni menteurs, ni parjures, ni lâches, ni corrompus : ils veulent donc nous empêcher de gagner notre vie ! Sus ! sus ! à ces ennemis publics !

Et c'est ainsi que la Liberté est clouée par les pieds et par les mains ; c'est ainsi qu'elle se tord sans que personne ait pitié d'elle ; c'est ainsi qu'elle saigne en sanglottant et en criant : J'ai soif ! sans que personne la désaltère ; car elle a soif de vérité et de justice, et nulle part déjà on ne trouve plus ni justice, ni vérité !

Ils s'applaudissent d'avoir donné la paix au monde en crucifiant celle qui le bouleversait depuis dix-huit siècles pour le renouveler, et ils ne voient pas qu'à mesure qu'elle agonise, les ténèbres s'étendent ; car les ténèbres sont la patrie de leurs regards !

Ils attendent et ils espèrent ; car déjà du côté du nord on entend le galop d'un cheval ; c'est un Cosaque armé de sa lance qui accourt pour percer le cœur de la crucifiée...

Ils attendent son dernier soupir, et ils ne savent

pas qu'alors le voile du sanctuaire sera déchiré, que la terre tremblera et que les morts se lèveront.

Oui, quand la corruption aura consommé son œuvre, quand le rêve de Pierre-le-Grand sera réalisé, alors peut-être ceux qui fermaient les yeux pour ne pas voir, regarderont avec épouvante, et les cadavres des nations égorgées se dresseront comme des fantômes et étendront les bras en criant au despotisme victorieux : Tu n'iras pas plus loin !

## XIV

### LE SPHINX ET LA CROIX

La grande énigme des siècles anciens, le sphinx après avoir fait le tour du monde sans trouver de repos, s'est arrêté au pied de la croix, cette autre grande énigme; et depuis dix-huit siècles et demi, il la contemple et la médite.

Qu'est-ce que l'homme? demande le sphinx à la croix, et la croix répond au sphinx en lui demandant : Qu'est-ce que Dieu ?

Déjà dix-huit fois le vieil Aaswérus a fait aussi le tour du globe; et à la fin de tous les siècles, et au commencement de toutes les générations, il passe près de la croix muette et devant le sphinx immobile et silencieux.

Quand il sera las de marcher toujours sans arriver jamais, c'est là qu'il se reposera, et alors le sphinx et la croix parleront tour à tour pour le consoler.

Je suis le résumé de la sagesse antique, dira le sphinx ; je suis la synthèse de l'homme. J'ai un front qui pense et des mamelles qui se gonflent d'amour ; j'ai des griffes de lion pour la lutte, des flancs de taureau pour le travail et des ailes d'aigle pour monter vers la lumière. Je n'ai été compris dans les temps anciens que par l'aveugle volontaire de Thèbes, ce grand symbole de la mystérieuse expiation qui devait initier l'humanité à l'éternelle justice ; mais maintenant l'homme n'est plus l'enfant maudit qu'un crime originel fait exposer à la mort sur le Cythéron ; le père est venu expier à son tour le supplice de son fils, l'ombre de Laïus a gémi des tourments d'Œdipe, le ciel a expliqué au monde mon énigme sur cette croix. C'est pourquoi je me tais en attendant qu'elle-même s'explique au monde : repose-toi, Aaswérus, car c'est ici le terme de ton douloureux voyage.

— Je suis la clé de la sagesse à venir, dira la croix ; je suis le signe glorieux du *stauros* que Dieu a fixé aux quatre points cardinaux du ciel, pour servir de double pivot à l'univers.

J'ai expliqué sur la terre l'énigme du sphinx, en

donnant aux hommes la raison de la douleur; j'ai consommé le symbolisme religieux en réalisant le sacrifice. Je suis l'échelle sanglante par où l'humanité monte vers Dieu et par où Dieu descend vers les hommes. Je suis l'arbre du sang, et mes racines le boivent par toute la terre, afin qu'il ne soit pas perdu, mais qu'il forme sur mes branches des fruits de dévouement et d'amour. Je suis le signe de la gloire, parce que j'ai révélé l'honneur; et les princes de la terre m'attachent sur la poitrine des braves. Un d'entre eux m'a donné une cinquième branche pour faire de moi une étoile; mais je m'appelle toujours la croix. Peut-être celui qui fut le martyr de la gloire, prévoyait-il son sacrifice, et voulait-il, en ajoutant une branche à la croix, préparer un chevet à sa propre tête à côté de celle du Christ. J'étends mes bras également à droite et à gauche, et j'ai également répandu les bénédictions de Dieu sur Magdeleine et sur Marie; j'offre le salut aux pécheurs, et aux justes la grâce nouvelle; j'attends Caïn et Abel pour les réconcilier et les unir. Je dois servir de point de ralliement aux peuples, et je dois présider au dernier jugement des rois; je suis l'abrégé de la loi, car je porte écrit sur mes branches : Foi, espérance et charité. Je suis le résumé de la science, parce que j'explique la vie humaine et la pensée de Dieu ; ne tremble pas, Aaswérus, et ne redoute plus mon ombre ; le crime de ton peuple est devenu celui de l'univers, car les chrétiens aussi ont crucifié leur Sauveur ; ils l'ont crucifié en foulant aux pieds sa doctrine de communion, ils l'ont crucifié en la personne des pauvres, ils l'ont crucifié en te maudissant toi-même et en proscrivant ton exil ; mais le crime de tous les hommes les enveloppe tous dans le même pardon ; et toi, le Caïn humanitaire, toi l'aîné de ceux que doit racheter la croix, viens te reposer sous l'un de ses bras encore teint du sang rédempteur ! Après toi viendra le fils de la seconde synagogue, le pontife de la loi nouvelle, le successeur de Pierre ; lorsque les nations l'auront proscrit comme toi, lorsqu'il n'aura plus d'autre couronne que celle du martyr, et lorsque la persécution l'aura rendu soumis et doux comme le juste Abel, alors reviendra Marie, la femme régénérée, la mère de Dieu et des hommes ; et elle réconciliera le juif errant avec le dernier des papes, puis elle recommencera la conquête du monde pour le rendre à ses deux enfants. L'amour régénéra les sciences, la raison justifiera la foi. Alors je redeviendrai l'arbre du paradis terrestre, l'arbre de la science du bien et du mal, l'arbre de la liberté humaine. Mes immenses rameaux ombrageront le monde entier, et les populations fatiguées se délasseront sous mon ombre; mes fruits seront la nourriture des forts et le lait des petits enfants; et les oiseaux du ciel, c'est-à-dire ceux qui passent en chantant, portés sur les ailes de l'inspiration sacrée, ceux-là se reposeront sur mes branches toujours vertes et chargées de fruits. Reposetoi donc, Aaswérus, dans l'espérance de ce bel avenir; car c'est ici le terme de ton douloureux voyage.

Alors le juif errant, secouant la poussière de ses pieds endoloris, dira au sphinx : Je te connais depuis longtemps! — Ezéchiel te voyait autrefois attelé à ce chariot mystérieux qui représente l'univers et dont les roues étoilées tournent les unes dans les autres; j'ai accompli une seconde fois les destinées errantes de l'orphelin du Cythéron; comme lui, j'ai tué mon père sans le connaître; lorsque le déicide s'est accompli, et lorsque j'ai appelé sur moi la vengeance de son sang, je me suis condamné moi-même à l'aveuglement et à l'exil. Je te fuyais et je te cherchais toujours; car tu étais la première cause de mes douleurs. Mais tu voyageais péniblement comme moi, et par des chemins différents, nous devions arriver ensemble; béni sois-tu, ô génie des anciens âges! de m'avoir ramené au pied de la croix.

Puis s'adressant à la croix elle-même, Aaswérus dira en essuyant sa dernière larme : Depuis dix-huit siècles, je te connais, car je t'ai vue portée par le Christ qui succombait sous ce fardeau. J'ai branlé la tête et je t'ai blasphémée alors parce que je n'avais pas encore été initié à la malédiction; il fallait à ma religion l'anathème du monde pour lui faire comprendre la divinité du maudit; c'est pourquoi j'ai souffert avec courage mes dix-huit siècles d'expiation, vivant et souffrant toujours au milieu des générations qui mouraient autour de moi, assistant à l'agonie des empires, et traversant toutes les ruines en regardant toujours avec anxiété si tu n'étais pas renversée; et après toutes les convulsions du monde, je te voyais toujours debout! Mais je ne m'approchais pas de toi, parce que les grands du monde t'avaient profanée encore, et avaient fait de toi le gibet de la Liberté sainte! Je ne m'approchais pas de toi, parce que l'inquisition avait livré mes frères au bûcher en présence de ton image; je ne m'approchais pas de toi, parce que tu ne parlais pas, tandis que les faux ministres du ciel parlaient, en ton nom, de damnation et de vengeances; et moi je ne pouvais entendre que des paroles de miséricorde et d'union! Aussi dès que ta voix est parvenue à mon oreille, j'ai senti mon cœur changé et ma conscience s'est calmée! Bénie soit l'heure salutaire qui m'a ramené au pied de la croix!

Alors une porte s'ouvrira dans le ciel et la montagne du Golgotha en sera le seuil, et devant cette porte, l'humanité verra avec étonnement la croix rayonnante gardée par le juif errant qui aura déposé à ses pieds son bâton de voyage, et par le sphinx qui étendra ses ailes et aura les yeux brillants d'espérance comme s'il allait prendre un nouvel essor et se transfigurer!

Et le sphinx répondra à la question de sa croix en disant : Dieu est celui qui triomphe du mal par l'épreuve de ses enfants, celui qui permet la douleur, parce qu'il en possède en lui le remède éternel; Dieu est celui qui est, et devant qui le mal n'est pas.

Et la croix répondra à l'énigme du sphinx : L'homme est le fils de Dieu qui s'immortalise en mourant et qui s'affranchit, par un amour intelligent et victorieux du temps, et de la mort; l'homme est celui qui doit aimer pour vivre, et qui ne peut aimer sans être libre; l'homme est le fils de Dieu et de la Liberté!

## XV

### LE DÉFRICHEMENT ET LES SEMAILLES

Si le Verbe de Dieu eût désespéré du chaos, le chaos serait éternel, et le premier jour du monde n'eût jamais semé la lumière dans les sillons de la nuit.

Si l'homme eût désespéré de la terre, la terre serait inculte et couverte de ronces; des marais fétides en amolliraient la surface, et la charrue nourricière n'y eût jamais creusé la place des moissons.

L'humanité elle-même, encore dans les limbes de l'intelligence, présente l'image du chaos, et le Verbe de Dieu doit la travailler.

Sa société est encore en friche; mais la charrue et les semences sont prêtes. Malheur aux pusillanimes et aux paresseux!

Il en est qui disent : Voilà six mille ans que dure le monde, selon nos souvenirs historiques, et probablement d'autres milliers de siècles se sont perdus dans la nuit des temps; or, nous ne voyons pas que les hommes soient devenus meilleurs. Les empires s'élèvent toujours par la force des mêmes illusions, et tombent ébranlés par les mêmes passions et dissous par les mêmes vices. La vertu est toujours un leurre pour les petits, et un jouet pour les grands; le mensonge et la corruption exercent toujours le même empire. Cette race est mauvaise; et le petit nombre des hommes intelligents et bons ne peut trouver de sécurité que dans la servitude des masses. L'aristocratie et le despotisme sont donc des lois de la nature, puisque le nombre des élus est toujours le plus petit nombre, selon la parole de Dieu même! Et, sous ce spécieux prétexte, ils s'endorment dans l'esclavage, ou rampent à la tyrannie.

D'autres disent : Cette terre est un lieu d'épreuves : pourquoi voulez-vous diminuer les mérites des saints? Ne songez pas à ce monde qui passe comme une ombre; c'est dans l'éternité que vous avez une patrie! Et, sous ce prétexte, ils favorisent les lois qui oppriment le pauvre, et prêchent la résignation aux victimes pour tranquilliser les bourreaux.

Tous ceux qui pensent ou qui agissent ainsi, sont ou des paresseux, ou des hypocrites, ou des lâches!

Il est facile au découragement ou à la peur de tenir un pareil langage; mais malheur à ceux qui se laissent tomber sur le chemin, et qui veulent rester assis pendant que l'humanité marche; car ils resteront abandonnés dans la nuit!

Comment ne comprennent-ils pas que mille ans devant l'Éternel, sont comme un jour, et que nous ne sommes pas encore au dernier jour de la seconde semaine du monde?

Comment peuvent-ils rester oisifs au milieu de cet immense travail qui prépare le jour du repos?

Ceux qui se disent chrétiens n'ont-ils donc pas compris le songe de Daniel? N'ont-ils pas vu les puissances animales se manifester dans les empires successifs, jusqu'à cet empire qui réunit tous les autres, et qui tombe parce que ses pieds sont d'argile et de fer; bases périssables du despotisme humain, la faiblesse et la violence!

N'ont-ils pas vu s'élever ensuite, dans la vision de saint Jean, la seconde synthèse humaine, et le concert des quatre animaux célestes, qui représentent les forces de l'humanité, annoncer le règne de celui qui est debout, parce que ses pieds sont d'airain brûlant?

Comptent-ils pour rien le défrichement du monde par l'épée romaine; puis la synthèse des dieux, réunissant dans les mains d'un semeur unique les espérances de la moisson fraternelle, Attila promenant la herse sur les sillons arrosés de sang; puis, quand les épis commencent à jaunir, les hérésiarques et les révolutionnaires s'avançant la faux à la main, puis l'empereur avec son fléau battant le blé pour préparer les nouvelles semailles?

N'ont-ils pas vu l'œuvre des six jours, après avoir écrit le verbe de Dieu en caractères analytiques, se simplifier, en remontant par la synthèse jusqu'à l'homme; puis l'homme lui-même, dans l'enfantement du monde religieux et moral, recommencer l'œuvre de Dieu et le travail des six jours?

Il cherche Dieu dans les étoiles; mais les étoiles sont muettes et refusent de lui dire leur secret; il cherche Dieu alors dans le sein de la terre, et en adore les productions merveilleuses; mais la terre le nourrit comme une servante qui doit taire le nom de son maître; elle donne la vie à toutes choses, et ne semble pas être vivante. L'homme demande aux animaux le secret de la vie; mais les animaux obéissent à des instincts qu'ils ignorent, et ne répondent pas; l'homme est obligé de demander Dieu à ses pareils et de se faire la divinité à son image : voici l'Egypte avec son culte progressif, succédant aux vagues extases du sabéisme, et résumant dans le couple divin d'Isis et d'Osiris les nombreux objets de son culte hiéroglyphique.

Arrivée à la synthèse de la forme, la religion humaine commence l'analyse des sensations. Douze grandes passions se personnifient alors dans les grands dieux de l'hellénisme, et s'élèvent vers le ciel, comme les deux bras d'une lyre : d'un côté les dieux, de l'autre les déesses; car la vraie distinction des sexes commence à l'étude des passions. Le côté viril finit à Prométhée, enchaîné par la vengeance de Jupiter, et le côté féminin nous présente Psyché soumise à la colère de Vénus. Toutefois, Vénus n'est point la reine de la théogonie sensuelle; au-dessus d'Aphrodite, la voluptueuse, s'élève une trinité de grâces décentes, que résume en une seule le nom mystérieux de Parthénie; et la seconde synthèse, celle du sensualisme passionné, se résume par l'alliance de Parthénie et de Jupiter : en vain ce dieu adultère laisse encore la chasteté veuve; en vain il prend les ailes blanches d'un cygne pour surprendre la muse sous la figure de Léda; l'œuf immortel du Logos vient d'éclore sous la chaleur du chaste génie de Platon, et un couple nouveau laisse déjà apparaître son double germe vivant.

Ici recommence une analyse, celle de l'âme spirituelle. Les douze passions se transforment en douze vertus, qui brillent comme des pierres précieuses sur la porte du tabernacle, puis les vertus se résument en la personne de l'Homme-Dieu qui vient relever la femme de son abjection en la reconnaissant pour sa mère : il souffre d'abord le supplice pour conquérir l'immortalité; puis, après son ascension glorieuse, il tend la main à la femme, et la fait asseoir près de lui par une assomption longtemps attendue. Il donne alors à sa mère un diadème pareil au sien, et lui laisse avec l'égalité de l'épouse tous les droits de la supériorité maternelle; la religion alors résume tous ses symboles dans le signe de l'union d'amour, et deux cœurs unis succèdent sur les autels à toutes les anciennes images, comme la communion fraternelle a succédé à tous les rites et à tous les sacrifices.

Ainsi s'accomplit dans le ciel de l'intelligence la grande synthèse universelle, ainsi la religion unique, ainsi la révélation, toujours une, se développe magnifiquement, et se résume avec amour.

Cependant les vieilles institutions, basées sur l'égoïsme animal, embarrassent encore la terre; car la révélation, ayant eu trois degrés, a dû créer successivement trois mondes; chaque fois que l'humanité s'élève d'un degré, il y a un jugement et un cataclysme universel; c'est ce que prévoyait le Christ pour le judaïsme d'abord, puis pour tout l'univers romain; c'est de ce vieux monde usé qu'il annonçait la ruine, et c'est en ce sens que les apôtres disaient : Ne vous inquiétez pas de ce monde, dont la figure passe; vivez dans le siècle à venir!

Maintenant le quatrième degré de la révélation se prépare : ce sera celui de l'amour. Après les formes, les passions; après les passions, la pensée; après la pensée, l'amour. Et c'est ainsi que le règne du Saint-Esprit, annoncé par le Christ, doit se réaliser sur la terre. Déjà sont venus les ouvriers de Dieu pour défricher le terrain promis aux constructions nouvelles. Les grands hérésiarques ont incendié les bois morts; les révolutionnaires, la hache à la main, ont coupé et déraciné les vieilles souches; les socialistes sèment partout la parole nouvelle, la parole d'association universelle et de propriété commune. Les restes du dernier monde s'en vont en dissolution et en pourriture; un flot de barbares se tient prêt au nord pour balayer les immondices... Courage aux laboureurs, et qu'ils ne craignent pas d'ensanglanter leurs mains pour arracher les ronces que le soc aura épargnées !

Courage à ceux qui sèment la bonne nouvelle, et qu'ils ne craignent pas de perdre la semence divine; car un seul grain tombé dans la bonne terre les dédommagera de ceux qui se dessèchent sur la pierre, ou que les oiseaux du ciel viennent manger sur le chemin !

## XVI

### LES SENTINELLES DU TOMBEAU

Elle a dit qu'elle ressusciterait! disent, en parlant de la Liberté endormie au tombeau, les mauvais prêtres et les rois impies; mettons des sentinelles autour de son sépulcre!

Etouffons toutes les voix qui pourraient la réveiller; que son nom même ne soit plus prononcé tout haut, car il faut que le monde l'oublie.

Si la Liberté ressuscite, elle demandera compte aux rois, qui se sont dits ses mandataires, de leur règne et de leurs travaux : qu'auront-ils à lui dire? où se cacheront-ils, s'il faut lui répondre? Veillez, princes de la terre, veillez sur la tombe que vous avez fermée; entourez-la de nouvelles murailles; faites armer des forts pour qu'on n'en approche jamais; hérissez vos murs d'armes et de soldats, puis veillez et tremblez ! Veillez et soyez prêts à tout pour repousser sur elle la pierre qui l'écrase, si elle tentait de la soulever ; pour la tuer une seconde fois si elle essayait de revivre.

Efforcez-vous de la faire oublier au monde ; ouvrez une carrière sans borne à toutes les basses ambitions, à toutes les intrigues rampantes ; imprimez la honte sur tous les fronts, afin qu'ils craignent la lumière ; prostituez les lois, afin de leur créer des défenseurs de mauvaise foi, qui vous les abandonnent à leur tour ; découragez tous les nobles efforts, propagez le culte de la propriété égoïste, multipliez les intérêts sordides, et vous aurez plus fait pour assurer la mort de la Liberté, que tous les persécuteurs avec leurs bûchers et leurs bourreaux ; mais, quand vous aurez fait tout cela, ne vous reposez pas encore, et veillez plus que jamais ; car, plus vous avez fait contre elle pendant qu'elle dort, plus son réveil doit être terrible !

Vous tous qui vendez et qui achetez pour vous enrichir de duplicité et de fraude, veillez sur le tombeau de celle qui condamne les voleurs.

La Liberté pour vous, c'est le droit du mensonge et du vol ; laissez sommeiller la justice !

Vous tous qui possédez du superflu, tandis que

le pauvre manque du nécessaire, veillez sur le tombeau de celle qui jugera les assassins et qui condamnera à mort sans miséricorde celui qui laissait mourir ses frères sans pitié!

Organes de la publicité, vous qui avez fait métier de vendre la vérité; orateurs aux gages du mensonge, journalistes engraissés de corruption, veillez sur le tombeau de celle qui dévoilera vos turpitudes et qui fera cesser votre commerce infâme; bercez-la d'éloges fastidieux et de plaidoyers ridicules en sa faveur, afin qu'elle dorme longtemps, et que vous amassiez de quoi vivre, vous, vos femelles et vos petits; car vous aimez à vivre, pourvu que ce ne soit ni de la vie de l'âme, ni de celle du cœur!

Hommes du peuple, qui ne songez plus qu'au pain matériel et à la vie animale, veillez sur le tombeau de celle qui demande à ses amants les plus pénibles sacrifices. Si vous voulez flatter vos maîtres pour devenir maîtres à votre tour, si vous aimez à former de petites coalitions pour usurper le travail de vos frères et les repousser de la table commune; si vous ne travaillez que pour devenir riches, afin d'exploiter à votre tour les ouvriers moins intrigants ou moins heureux, veillez sur le tombeau de la Liberté, de peur qu'elle ne ressuscite; car elle vous renierait, comme vous la reniez, et elle vous déshériterait de ces titres, acquis si laborieusement, qui sont la noblesse du peuple.

Hommes d'argent, veillez; car la Liberté est pauvre!

Hommes de peur, veillez; car la Liberté est impitoyable pour les lâches!

Hommes de corruption, veillez; car la Liberté est pure!

Voilà donc nos conservateurs à l'œuvre! et que conservent-ils?

Ce que conservent les gardiens des cimetières, ce que conservent les sentinelles des voleurs! mais la Liberté sainte n'en est pas moins là, couchée sous une pierre, que presse de tout son poids toute la société des propriétaires injustes!...

Otez-vous de là si vous ne voulez pas être renversés!... Ne voyez-vous pas que déjà la pierre remue, et ne savez-vous pas que la Liberté, à elle seule, est mille fois plus forte que vous tous?

Mais elle n'a pas même besoin d'ébranler la pierre, elle passe à travers les obstacles qu'on lui oppose, comme la lumière à travers le cristal, et ne se laisse jamais arrêter dans sa course que pour s'élancer avec plus d'énergie!

Elle vous apparaîtra lorsque vous la croirez oubliée, elle viendra surprendre ses ennemis au milieu de leur dernière orgie, et sa main formidable écrira des mots sanglants sur leur muraille.

Gardez-la bien! veillez, veillez encore; car elle n'a pas menti lorsqu'elle a promis de ressusciter.

Oh! comme vous serez pâles quand vous verrez son tombeau vide! et comme vous tremblerez de tous vos membres quand elle vous appellera pour vous juger!

# XVII

## LES VAUTOURS ET LA COLOMBE

Deux destinées différentes planent en ce moment sur le monde et sont offertes à son choix : l'une, douce et pacifique, représentée par la colombe qui tient dans son bec un rameau d'olivier; l'autre, sanglante et terrible, figurée par l'ancien vautour du Caucase.

Les hommes maintenant peuvent choisir entre la guerre et la paix; entre la transfiguration progressive du monde, ou le bouleversement universel.

On nous accuse à tort d'ébranler l'ordre social : il ne nous appartient pas de faire trembler la terre, et si nous crions qu'elle va s'agiter, c'est que nous voulons avertir nos frères pendant qu'il en est temps encore, afin qu'ils ne périssent pas! L'astronome qui prévoit l'éclipse doit-il donc être accusé de la défaillance du soleil?

Vous dites dans vos lois : N'attaquez pas la propriété; la propriété est notre idole. Mais c'est pour sauver votre idole et vous sauver vous-mêmes en l'empêchant de s'écrouler sur vous, que nous voulons lui donner une nouvelle base. Vous l'avez constituée sur le morcellement de l'égoïsme, et nous voulons la constituer sur l'association et la fraternité. Vous voyez donc bien que nous ne sommes pas coupables même selon vos lois.

Lorsque nous maudissons l'esprit de propriété, c'est à la propriété égoïste et avare que nous adressons nos anathèmes; mais nous appelons de tous nos vœux cette propriété fraternelle et sociale, qui méritera le nom de communauté chrétienne.

Vous dites dans vos lois : N'excitez pas les diverses classes de citoyens à la haine les uns contre les autres : Aussi est-ce pour prévenir cette haine et en arrêter les effets, que nous avertissons les riches de ne pas exaspérer la misère du pauvre!

Quant au pauvre, il sait bien que nous ne lui disons pas de haïr le riche; nous admirerions même qu'il pût l'aimer, et nous applaudirions à ce touchant héroïsme de fraternité et de pardon. Nous ne lui apprenons pas qu'il souffre, il le sait bien; et nous ne redoutons pas moins ses vengeances pour lui-même que pour les riches; car les réactions sanglantes provoquent d'autres réactions, et ceux qui se servent de l'épée doivent toujours du sang à l'épée.

Mais si nous reprochons au riche de ne pas aimer le pauvre, est-ce que pour cela nous disons au pauvre de haïr le riche?

Quant au gouvernement et à sa forme, que nous importe? Donnez d'abord une patrie aux pauvres.

Assurez un morceau de pain à l'ouvrier sans ouvrage, en attendant que vous ayez organisé le travail!

Non, certes, nous ne conseillons pas au peuple affamé la réaction et la vengeance, parce que les crimes attirent les crimes, parce que l'émancipation du peuple doit être légitime et généreuse, parce qu'il ne faut pas protester contre les assassins par le meurtre, ni contre les voleurs par le vol.

C'est au contraire pour empêcher cette déplorable réaction que nous demandons justice!

Du moment où le peuple cesserait d'être victime pour devenir bourreau, nous nous ferions les défenseurs des nouveaux opprimés.

Or, maintenant, sachons bien que les questions politiques n'ont plus d'intérêt pour les masses. Le temps des rois assassins du peuple est passé, et si dans nos écrits nous parlons encore de la conspiration des rois, c'est que notre pensée se reporte aux anciens jours. Les rois ne sont plus ce qu'ils ont été; ils sont maintenant la tête de l'aristocratie financière : ils règnent, mais c'est l'argent qui gouverne; or, c'est uniquement contre le gouvernement de l'argent que nous protestons.

Il n'y a plus de seigneurs ni de serfs, de gentilshommes ni de vilains, il y a des riches et des pauvres.

Or, les riches au lieu d'être les tuteurs des pauvres, en sont les exploiteurs; au lieu de les aider, ils les pressurent; au lieu de leur tendre la main, ils les accablent. Ils font les lois pour eux-mêmes et n'estiment que leurs pareils. A leurs yeux, les prolétaires ne sont pas des hommes, et c'est pourquoi nous leur disons: Tremblez qu'ils ne deviennent des bêtes féroces et qu'ils ne vous dévorent.

Si vous voulez écouter les défenseurs du pauvre, si vous entrez dans la voie des réformes sociales, si vous favorisez l'union ouvrière, si vous prêtez votre appui aux essais d'association, le peuple vous bénira avec enthousiasme; il défendra vos propriétés, comme si elles étaient à lui; il vous prêtera le concours de sa force pour vos entreprises industrielles ; il s'unira à vous pour conquérir paisiblement la terre. Voilà ce que nous désirons, voilà ce que nous demandons, voilà ce que nous appelons de tous nos vœux, de tous nos soupirs et de toutes nos larmes.

L'instruction se répandra avec le bien-être ; la justice et la paix régneront dans les familles ; le peuple, moins malheureux, deviendra meilleur, les excès abrutissants deviendront plus rares ; les mœurs seront la garantie des lois, et la force morale maintiendra partout la justice.

Mais si au lieu de cela, vous corrompez le peuple pour l'avilir et l'exploiter sans crainte, si vous augmentez la misère pour l'empêcher de s'instruire, si vous vous déclarez les conservateurs des abus et des iniquités sociales, le sens moral s'éteindra entièrement dans ceux qui souffrent, et ils protesteront par des assassinats, par des brigandages, par des incendies.

La multiplicité et la nouveauté des crimes épouvanteront la défaillance de vos lois, et le sang des coupables semblera une semence d'attentats plus audacieux encore.

Des bandes armées parcourront les campagnes,

des voleurs infecteront les villes, l'industrie languira, et le commerce effrayé restera en stagnation; puis viendront les conspirations contre la société tout entière, les grands attentats sans autre but apparent que celui de faire le mal, les machines infernales dirigées contre la foule, les mines pour faire sauter les maisons, les empoisonnements publics et toutes ces monstruosités enfin qui forcent les populations à sortir de leur apathie, et qui changent en rage aveugle leur indifférence et leur paresse.

Alors il n'y aura plus ni lois ni peine; chacun se fera juge et exécuteur, chacun s'armera pour sa famille et ses foyers. Ceux qui n'ont rien à perdre, profiteront du désordre : ceux qui auront quelque chose à craindre se défieront les uns des autres et s'affaibliront en se divisant; alors il y aura des scènes plus épouvantables qu'on n'en a jamais vu, même à l'époque des guerres de religion; et l'ordre social tout entier s'abîmera dans le sang, dans le feu et dans les ruines!

Puisse la colombe de la paix trouver où se reposer parmi nous, pendant qu'il est temps encore, et ne pas retourner vers le père qui l'envoie, en emportant son rameau d'olivier! car le vautour des guerres civiles, attiré par l'odeur de corruption qui s'exhale de notre société pourrie, plane déjà sur nous en attendant l'heure du carnage, et pendant le calme des derniers beaux jours, on voit passer l'ombre de ses ailes sur les chaumières et sur les palais.

## XVIII

### L'ŒUVRE D'UN HOMME

Si ce chapitre contient une ironie, contre qui est-elle dirigée?

S'il renferme une juste appréciation, à qui fait-elle le plus d'honneur?

On doit juger les hommes par leurs œuvres, Dieu seul peut scruter leurs intentions.

Or, il est un homme qu'on accuse d'avoir corrompu l'esprit public et trahi la révolution dont il était l'enfant. Examinons ce que cet homme a fait avant de le juger.

Tourmentée par l'instinct de sa mission qu'elle ne comprenait pas encore dans toute son étendue, la France venait de se soulever une seconde fois au nom de cette Liberté qu'elle avait trahie une fois pour suivre la gloire.

Or, en 1830 comme en 1789, l'idée sociale n'était

pas mûre, et le républicanisme arriéré, renouvelé des Grecs et des Romains, menaçait de relever la tête.

Le patriotisme mal entendu, c'est-à-dire exclusif et haineux, était encore prêt à se courber sous n'importe quelle grande épée, pourvu qu'elle fût teinte du sang de l'étranger. Comme s'il devait y avoir des étrangers pour le vrai Français, ce citoyen de la capitale du monde!

L'Europe attendait, pour marcher, le signal de la France, et la France n'était pas prête : elle ne savait encore, ni à quel but elle devait tendre, ni quel chemin elle devait suivre.

De faux amis du peuple, des avocats intrigants, des écrivains altérés de corruption, se tenaient prêts à recommencer, aux dépens du peuple, les sanglantes orgies de quatre-vingt-treize; les hommes du passé leur applaudissaient d'avance, dans l'espoir certain d'une réaction prochaine, et les ennemis de la Liberté savouraient déjà leur triomphe et leur vengeance.

En cet état des affaires et des esprits, une seule chose était nécessaire : maintenir les principes établis par la victoire du peuple, tout en gagnant du temps. Mais, pour résoudre ce problème, il fallait se résigner à l'apparence d'une trahison; il fallait désarmer et assoupir ce peuple souffrant, affamé de réformes et rendu plus impatient par sa victoire; il fallait maintenir l'équilibre de l'Europe, pour retarder l'heure de la conflagration universelle jusqu'à l'établissement suffisant des idées sociales; il fallait détromper le peuple de ses faux amis et de ses fausses gloires; il fallait enfin transformer l'orgueil national et rendre à l'avenir toute usurpation impossible, en mettant à nu toutes les turpitudes du pouvoir mal acquis. Or, un homme se trouva, qui fut assez fort pour se résigner à cette œuvre. Il endormit la révolution pour lui faire reprendre des forces; il humilia l'orgueil français pour l'agrandir; il comprit l'époque où il vivait et révéla au monde le seul despotisme qui fût alors à craindre : celui de l'argent. Or, pour en délivrer l'univers, il usa cette puissance fatale; on vit les plus fiers défenseurs de la liberté se vendre comme des esclaves; la voix publique elle-même fut bâillonnée avec de l'or, et ceux qui se laissaient si facilement corrompre accusèrent d'immoralité celui qui les avait compris; il fut appelé corrupteur par ceux qu'il dédaignait d'acheter! Ce fut alors pour la France et pour le monde un triste spectacle, mais un bien haut enseignement que celui de cette défection presque générale. La Liberté fut sauvée ainsi de l'hypocrisie des hommes ; les partis se lassèrent de lutter de mensonges et s'endormirent dans un commun mépris ; les idoles tombèrent, le peuple s'instruisit ; le patriotisme sentit que l'amour de l'humanité était plus noble et plus glorieux que la haine de l'Angleterre ; les masses apprirent à connaître les intrigants et à se défier d'eux ; le prolétariat devint indifférent à la politique et porta toute l'activité de son intelligence aux idées sociales : ainsi l'homme de la Providence accomplit son œuvre... mais quel est le nom de cet homme? Les uns le nomment Thiers, d'autres, Guizot, d'autres enfin pensent en secret que Thiers et Guizot sont les deux faces d'un nouveau Janus qui aime à tenir fermées les portes de son temple, pour que le vulgaire n'en connaisse pas les secrets.

Quoi qu'il en soit de la personnalité de tel ou tel homme, reconnaissons dans la main même qui nous gouverne à cette époque de découragement et de misère, la main forte de la Providence : la France a tort de se plaindre de ses déceptions et de ses humiliations prétendues ; ses déceptions l'instruisent et ses humiliations rectifient son orgueil. Le roman de la légitimité s'est terminé en comédie : le chauvinisme a été magnifiquement enseveli avec l'empereur aux Invalides; le républicanisme est mort sur l'échafaud des Morey, des Alibaud et des Darmès; les meneurs du peuple le laissent marcher seul depuis qu'ils sont devenus ventrus; la presse, ci-devant populaire, est devenue ministérielle : il n'y a plus de mensonge possible. Les vendus sont forcés d'afficher leur infamie; après le prestige superstitieux du pouvoir qui protégeait l'ancienne tyrannie, est venue l'idolâtrie de la royauté; après la royauté, la fascination de la gloire a pu inaugurer le despotisme de l'empire; puis est venue la puissance brutale et révoltante de l'argent, le plus révolutionnaire de tous les pouvoirs, parce qu'il flétrit à jamais tous ceux qui y prêtent les mains, et qu'il rehausse les principes de la liberté de toute la profondeur de la propre abjection.

S'il est donc un homme qui ait, dans la puissance de son génie, trouvé l'idée d'un dévouement pareil et d'une œuvre aussi généreuse, s'il a pu s'y résigner en vue de l'avenir, s'il s'est sacrifié à toutes les haines et s'il a affronté tous les mépris, pour donner la paix à l'Europe et préparer l'avenir du monde : que cet homme soit ministre ou roi, il sera grand aux yeux de la postérité; la Providence doit veiller sur ses jours et les conserver s'il le faut par des miracles, malgré de dégoûtants attentats ; mais le peuple doit attendre qu'il dise son dernier mot : car il nous est peut-être permis d'espérer qu'il n'emportera pas avec lui, comme Lycurgue et Mahomet, le secret de son patriotisme humanitaire, et qu'il sera donné à ses contemporains de l'apprécier et de le bénir (1) !

(1) Ce livre a été écrit avant la chute de Louis-Philippe. En le publiant maintenant nous ne croyons pas devoir y rien changer.

(*Note de l'auteur.*)

# XIX

## LA FOI DES HOMMES LIBRES

Les hommes libres ne croient pas parce qu'on les menace de l'enfer, mais ils sentent Dieu en eux-mêmes, et ils le contemplent dans la nature.

Pour eux, Dieu est la vérité suprême, qui s'affirme et se révèle, de degrés en degrés, par toutes les formes de la création. Cette vérité est la lumière de leur intelligence, comme le soleil est la lumière de leurs yeux.

Exprimée par le Verbe humain, la vérité divine est l'âme de toutes les poésies, la synthèse de tous les symboles.

La révélation n'est que le rayonnement éternel de Dieu dans les intelligences et dans les cœurs.

Les prophètes sont ceux qui ont vu les premiers cette lumière de la vie intellectuelle, et qui ont senti les premiers cette chaleur de la vie morale.

Les prophètes ont parlé en paraboles et en images, parce que le langage abstrait leur a manqué, et parce que la perception prophétique étant le sentiment de l'harmonie ou des analogies universelles, se traduit naturellement par des images.

Ces images, prises matériellement par le vulgaire, sont devenues des idoles ou des mystères impénétrables.

L'ensemble et la succession de ces images et de ces mystères sont ce qu'on appelle le symbolisme.

Le symbolisme vient donc de Dieu, quoiqu'il soit formulé par les hommes.

La révélation a accompagné l'humanité dans tous ses âges, et elle s'est transfigurée avec le génie humain; mais elle a toujours exprimé la même vérité.

La vraie religion est une, et ses dogmes sont simples et à la portée de tous.

Toutefois, la multiplicité des symboles n'a été qu'un luxe de poésie nécessaire à l'éducation du génie humain.

L'harmonie des beautés extérieures, et la poésie de la forme, devaient révéler Dieu à l'enfance humaine; mais Vénus eut bientôt Psyché pour rivale, et Psyché séduisit l'Amour.

C'est ainsi que le culte de la forme devait céder à ces rêves ambitieux de l'âme, qu'embellissait déjà l'éloquente sagesse de Platon.

La venue du Christ était ainsi préparée, et c'est pourquoi elle était attendue; il vint parce que le monde l'attendait, et la philosophie se transforma en croyance pour se populariser.

Mais affranchi par cette croyance même, l'esprit humain protesta bientôt contre l'école qui voulait en matérialiser les signes, et l'œuvre du catholicisme romain fut uniquement de préparer à son insu l'émancipation des consciences, et de jeter les bases de l'association universelle.

Toutes ces choses ne furent que le développement régulier et normal de la vie divine dans l'humanité; car Dieu est la grande âme de toutes les âmes, il est le centre immuable autour duquel gravitent toutes les intelligences, comme une poussière d'étoiles.

L'intelligence humaine a eu son matin; son plein midi viendra, puis ensuite son déclin, et Dieu sera toujours le même.

Mais il semble aux habitants de la terre que le soleil se lève jeune et timide, qu'il brille au milieu du jour dans toute sa force, et qu'il se couche fatigué le soir.

C'est pourtant la terre qui tourne, et le soleil est immobile.

Ayant donc foi dans le progrès humain et dans la stabilité de Dieu, l'homme libre respecte la religion dans ses formes passées, et ne blasphémerait pas plus Jupiter que Jéhova ; il salue encore avec amour la rayonnante image de l'Apollon Pythien, et lui trouve une ressemblance fraternelle avec le visage glorieux du rédempteur ressuscité.

Il croit à la grande mission de la hiérarchie catholique, et se plaît à voir les pontifes du moyen-âge opposer la religion pour digue au pouvoir absolu des rois ; mais il proteste avec les siècles révolutionnaires contre l'asservissement de la conscience que voulaient emprisonner les clés pontificales : il est plus protestant que Luther, car il ne croit pas même à l'infaillibilité de la confession d'Augsbourg, et plus catholique que le pape, car il n'a pas peur que l'unité religieuse soit brisée par la malveillance des cours.

Il se confie à Dieu plus qu'à la politique de Rome pour le salut de l'idée unitaire ; il respecte la vieillesse de l'Eglise ; mais il ne craint pas qu'elle meure ; il sait que sa mort apparente sera une transfiguration et une assomption glorieuse.

Il admet l'absurdité apparente des dogmes, non comme des mystères impénétrables, mais comme des théorèmes obscurs, que la philosophie expliquera plus tard, et dont il pressent déjà toute la justesse et toute la profondeur.

Mais il ne prend pas plus pour règle de ses actions les sophismes des moralistes, que les décisions des casuistes et des docteurs; il ne croit pas avoir reçu en vain une intelligence pour comprendre et un cœur pour aimer, et il plaint ceux qui ont besoin de consulter un homme pour apprendre à discerner le bien du mal.

Il sait bien qu'il faut une direction à la conscience des enfants, mais il plaint les pères qui ne sont ni assez instruits, ni assez moraux pour mériter la confiance de leurs enfants et pour les diriger eux-mêmes.

Il aspire en un mot au moment où la société n'aura plus besoin de prêtres, ce qui ne l'empêche pas d'avoir pour les bons prêtres une sincère estime et un véritable respect.

En effet, le temps d'insulter les prêtres est passé, et nous espérons qu'il ne reviendra plus. Il y a maintenant un moyen bien simple de ne plus les craindre, c'est de se passer d'eux.

Ne pouvons-nous pas donner nous-mêmes à nos enfants le signe du christianisme? Avons-nous besoin de quelqu'un pour leur enseigner les éléments de la morale religieuse? N'en savons-nous pas assez pour leur apprendre nous-mêmes à être justes et à prier?

Qui peut nous empêcher de partager en famille le pain et le vin de la cène fraternelle en mémoire du Christ, comme cela se pratiquait dans les premiers siècles du christianisme?

Si nous n'avons plus confiance dans l'intelligence ou dans la science, ou dans la pureté des prêtres, pourquoi leur confions-nous encore nos femmes et nos enfants?

C'est la coutume, direz-vous; — mais c'est une déplorable et désastreuse coutume.

Quoi, votre enfant est envoyé par vous vers un homme qui lui dit de croire à des choses que vous ne croyez pas, et d'adorer ce que vous n'adorez pas, et vous voulez que votre enfant vous respecte, tout en profitant des instructions de cet homme! C'est une monstrueuse contradiction, et l'enfant n'échappera à cette absurdité qu'en n'écoutant ni l'un ni l'autre. C'est ainsi que le respect filial s'en va avec la religion, et que l'Eglise et la famille, au lieu de se prêter un mutuel appui, se détruisent réciproquement.

L'homme libre ne tyrannise jamais la foi des autres; mais il n'asservira ni lui ni ses enfants à des pratiques auxquelles il ne croit plus. Il ne veut pas acheter l'estime des sots par des démonstrations hypocrites; car la religion est une affaire qui doit se traiter avec Dieu, et non pas avec les hommes.

# XX

## LE DERNIER JUGEMENT

C'était une opinion accréditée parmi les premiers chrétiens, que le monde allait finir; car le Christ, après avoir fait le tableau terrible du dernier jugement, ajoutait : Cette génération ne passera point que toutes ces choses ne soient accomplies.

Selon un évangéliste, la destruction du monde devait suivre de près la ruine de Jérusalem, et ce fut un scandale pour les esclaves de la lettre, du temps de Vespasien et de Titus, de voir la cité sainte tomber et le monde durer toujours.

Cependant, la prophétie du Christ était accomplie, le monde était jugé, le déicide était puni, le judaïsme avait accompli son œuvre, le signe de la croix allait bientôt paraître sur les étendards de Rome, comme si les César affichaient eux-mêmes leur arrêt de mort; et le Christ, devenu le Dieu du monde, allait bientôt en être le juge.

On ne peut changer les bases d'une société sans la bouleverser de fond en comble; or, le christianisme, lors de la ruine de Jérusalem, était déjà parvenu à la racine de l'arbre social; c'est pourquoi Jésus disait: La cognée est déjà à la racine de l'arbre; ne croyez pas que j'apporte la paix sur la terre, je ne suis pas venu apporter la paix, mais le glaive!

La parole de Jésus était pourtant une parole de paix; mais il prévoyait les guerres sanglantes qu'elle allait allumer, et il ajoutait: Je suis venu mettre le feu sur la terre, et je n'ai qu'un désir, c'est qu'il s'allume!

Aussi n'était-ce pas à tort qu'on poursuivait les disciples de Jésus comme des ennemis de l'ordre social; les juifs et les Romains se trompaient seulement en ceci, qu'ils appelaient, comme nous, ordre social, le désordre de leurs institutions incohérentes et de leurs lois mal ébauchées.

Les premiers chrétiens n'étaient-ils pas les ennemis de la religion de l'empire, de cette religion vendue aux César, que le pouvoir défendait avec d'autant plus de violence qu'il y croyait moins, et qu'il en méprisait davantage les ministres?

N'y avait-il pas en ce temps-là des conservateurs qui usaient leur réthorique à prouver l'immoralité des chrétiens? Les beaux esprits d'alors se moquaient du christianisme, comme on se divertit de nos jours de la doctrine de Fourier. C'était une monstrueuse extravagance! c'étaient d'ignobles mystères bons à séduire les juifs et les esclaves! Ces gens-là adoraient trois dieux, et prétendaient que trois ne faisaient qu'un; ils rendaient les honneurs divins à un pendu, et se ventaient d'en manger perpétuellement la chair et d'en boire le sang; ils sacrifiaient leur vie pour revivre après leur mort; en un mot, rien n'était plus pitoyable; et, si les chrétiens n'eussent pas été dangereux, on leur eût fait trop d'honneur d'en rire, et pourtant!... les hommes sont toujours les mêmes!

Dès que le Christ fut reconnu pour le fils de Dieu et le chef de l'humanité, le droit social fut changé, le peuple fut affranchi en principe, la servitude abolie, la propriété fut mise en question, et toutes les institutions anciennes furent condamnées. Ce fut donc alors l'époque du dernier jugement, et c'est ce jugement divin qui s'exécute depuis dix-huit siècles.

Le poète de la palingénésie chrétienne, l'auteur

de *l'Apocalypse*, a tracé en images formidables la grande épopée de la ruine du vieux monde et de l'instauration du monde nouveau; la réaction anti-chrétienne de l'esprit de propriété lui apparaît sous la figure de l'antechrist, puis le Verbe triomphe par le progrès de l'intelligence; et, après deux mille ans de combats, la cité de Dieu s'établit enfin sur la terre.

Pour quiconque est versé dans la philosophie de l'histoire, la prophétie des événements, et même des époques, n'a rien qui excède les forces de la nature; mais, par le sentiment des analogies universelles, on arrive à toute espèce de prophétie, avec une certitude qui ressemble à un résultat algébrique. Rien au monde ne se détruit violemment et tout à coup, parce que rien ne se construit sans préparation et sans lenteur; lors donc qu'une forme sociale semble périr, on peut s'assurer qu'elle renaîtra sous une autre forme, si rien n'a pris et rempli sa place. Les apôtres prévoyaient donc, après la chute et le démembrement de l'empire romain, la formation d'une nouvelle puissance continentale qui réagirait contre les doctrines du Christ; ils prévoyaient que la tête de cet empire serait au nord, ils allaient jusqu'à lui promettre la puissance des faux miracles, l'empire sur le feu du ciel, et des chariots enflammés qui rouleraient d'eux-mêmes : on peut voir dans Lactance, écrivain du quatorzième siècle, le résumé curieux de ces prophéties, recueillies pour la plupart de la bouche même des disciples de saint Jean ; et en les comparant avec les figures poétiques de *l'Apocalypse*, on sera étonné de tout ce qui avait été prévu et de ce qui semble se préparer.

Quoi qu'il en soit du règne plus ou moins probable de la Russie sur l'Europe, il est certain que la puissance morale de l'opinion triomphera du despotisme. Rome fut civilisée et énervée par les peuples qu'elle avait vaincus ; mais, victorieuse ou repoussée, la puissance du nord ne résistera point au contact des idées françaises ; et, si elle emploie sa force matérielle à consolider les bases d'un empire universel, ce sera l'humanité tout entière qui héritera des travaux du czar, et le despotisme de l'antechrist n'aura fait autre chose que préparer cette dernière réaction, d'où viendra le salut du monde.

Quand l'Évangile aura été annoncé par toute la terre, disent les traditions religieuses, le Christ viendra juger les vivants et les morts, et rendre à chacun selon ses œuvres. Rien de plus vrai que cette prophétie. En effet, quand l'Évangile sera généralement reconnu pour la vraie loi humaine, ce ne sera plus le pouvoir humain qui jugera, mais l'esprit du Christ vivant dans toutes les intelligences. — Or, voyez dans l'Évangile à quoi se réduiront alors les vices ou les vertus des hommes !

— J'ai eu faim, dira le Christ, au nom de l'humanité, et vous ne m'avez pas donné à manger; j'ai eu soif, et vous ne m'avez pas donné à boire; j'ai été malade et en prison, et vous ne m'avez pas visité : retirez-vous de moi, vous êtes des maudits!

Depuis dix-huit siècles et demi, cette sentence est prononcée; elle a été notifiée au peuple, mais les riches égoïstes se sont efforcés de rendre le peuple métérialiste et impie pour l'empêcher de lire l'Évangile et d'y croire.

Le peuple reviendra au Christ, parce qu'il souffre. Qui donc mieux que le pauvre peuple peut comprendre la croix? Qui donc plus que lui doit aspirer au jugement de Dieu?

Quand le peuple comprendra l'Évangile, il y croira; et quand la sentence de Dieu contre les mauvais riches sera vraiment publique et notoire, elle s'exécutera comme d'elle-même, et le monde sera renouvelé.

L'association alors succédera au morcellement.

La propriété de chacun ne sera que le fruit de ses œuvres, et celui qui travaille saura qu'il est redevable à celui qui ne peut pas encore, ou qui ne peut plus travailler.

L'on comprendra alors ce que c'est que la communion, et pourquoi le christianisme a toujours regardé la communauté comme la vie la plus parfaite.

# XXI

## LE BAPTÊME DU PEUPLE.

Quelque nombreuse que soit une agrégation d'hommes, si elle n'est pas unie dans une même pensée et dans une même volonté, ce n'est pas un peuple, ce n'est qu'une foule.

L'idée de l'homme, vraiment homme, a été le rêve de tous les philosophes et la vision de tous les prophètes; l'idée du peuple, vraiment peuple, est encore l'utopie de tous les révolutionnaires et de tous les socialistes.

« Quand un peuple, vraiment peuple, est debout pour sa liberté, aucun pouvoir humain ne lui résiste, » a dit un profond politique, que l'avenir, peut-être, appellera le plus grand des révolutionnaires, et c'est l'auteur même de cette maxime qui a le plus résisté au mouvement de 1830.

Cela prouve qu'il ne croyait alors ni à la sincérité des hommes, ni à la maturité des idées, ni à l'existence d'un peuple, vraiment peuple.

Il a essayé de résister et il a réussi. « Or, la responsabilité est quelque chose quand on ne réussit pas, » avait-il dit encore avec non moins de profondeur.

Le vrai peuple est-il donc encore à naître, ou attend-il seulement son baptême pour avoir droit de porter son nom ?

Quelle est donc la tache originelle du peuple ? Est-ce la pauvreté de la naissance ? Mais le Sauveur du monde n'est-il pas né pauvre comme nous ?

Il n'existe qu'une seule inégalité réelle entre les hommes : celle de l'intelligence et de la vertu.

Formez un peuple intelligent et bon, vous aurez un peuple de rois.

Mais, je vous le demande encore, quelle est la tache originelle du peuple ?

S'il est parmi nous des hommes ignorants sans désir de s'instruire et vicieux sans volonté de se corriger, s'il en est qui jalousent les riches et qui méprisent les pauvres, s'il en est qui rampent naturellement devant le maître qu'ils détestent au fond du cœur, et si les mêmes hommes sont insolents avec leurs pareils et durs avec les petits et les faibles, ceux-là sont encore de la race vouée à la servitude, et portent sur le front une tache que n'a pas effacée encore le baptême de la Liberté.

Ce n'est pas seulement dans les larmes que le peuple se régénère, autrement il serait déjà libre et heureux.

Ce n'est pas dans le sang qu'il reprend une nouvelle vie ; le sang s'attache aux mains inintelligentes et souille les fronts peu généreux.

Peuple, retrempe-toi dans les doctrines de l'Évangile, dans la liberté de l'âme, qui s'élève au-dessus de la pauvreté, des douleurs et de la mort ; cherche d'abord le règne de Dieu, en apprenant à régner sur toi-même ; éclaire-toi, pour n'avoir plus besoin de guide ; sois bon, pour n'avoir plus à craindre de juges, et, quand tu seras un vrai peuple, tu te lèveras et personne n'osera te dire de ployer encore les genoux : tu marcheras, et les rois et leurs satellites se rangeront respectueusement pour te laisser passer.

## XXII

### LA MALÉDICTION DU GLAIVE

Une légende orientale, attribuée à Mahomet, dit, qu'à la fin des siècles, lorsque Dieu sera las des crimes des hommes et de l'infidélité des anges, il appellera le génie exterminateur et lui dira : « Prends ton épée, et fais le tour du ciel, de la terre et des enfers en tuant tout ce qui existe ! »

L'ange obéira. Puis il reviendra devant Dieu, mais Dieu détournera sa face et dira : « Puisque tu as exterminé toutes mes créatures, va t'en et meurs ! »

Alors le génie, consterné, s'en ira aux limites de la lumière, entre la nuit du chaos et l'auréole de Dieu, et, là, il s'enveloppera dans ses fortes ailes et s'étouffera lui-même en poussant un sanglot formidable.

Cette allégorie est profonde et d'un génie vraiment chrétien.

Dieu laisse ainsi la violence travailler au renouvellement du monde, mais il l'a condamnée au suicide et il sait bien qu'elle se détruira d'elle-même.

Le Sauveur, qui a dit : J'apporte le glaive sur la terre, n'a-t-il pas maudit les œuvres du glaive, lorsqu'il a dit : « Celui qui frappe de l'épée, périra par l'épée! »

Le glaive qu'apportait le Christ était celui de la parole égalitaire, et ses premiers apôtres ont bien compris ce mot dans un sens spirituel, puisque saint Jean représente le Verbe avec une épée qui lui sort de la bouche.

Mais l'épée matérielle et brutale, Jésus l'a maudite ; car il n'est pas venu prêcher la vengeance et le meurtre, mais la miséricorde et la paix.

Maudit soit donc le glaive qui tue ceux que Jésus voulait sauver !

Symbole et instrument de division, aiguillon de la mort, sois maudit au nom de l'unité universelle! sois maudit au nom de la paix! sois maudit, au nom de l'amour !

Sois maudit dans la main de ceux qui croient faire justice en punissant de mort les grandes maladies morales, et qui tuent pour prouver que le meurtre est un grand crime !

Sois maudit dans la main des frères qui combattent les uns contre les autres, pour les limites de la terre, qu'ils devraient cultiver ensemble !

Sois maudit, dans la main de ceux qui se vengent de la société par l'assassinat, et qui rendent le mal pour le mal !

Sois maudit par le premier sourire des petits enfants qui espéraient vivre, et par les gémissements des mères qui pleurent dans Rama et ne veulent pas être consolées !

Sois maudit par le dernier soupir des vieillards, qui n'ont plus de fils pour leur fermer les yeux !

Sois maudit par le monde entier, que tu vas peut-être bientôt moissonner encore !

Oh ! si des cris pouvaient l'arrêter ! si des larmes pouvaient te dévorer de rouille ! si des prières pouvaient émousser ta dent toujours sanglante et toujours affamée !

Si les hommes comprenaient qu'ils sont frères, et que la détresse d'un seul est le malheur de tous, s'ils voulaient associer leurs richesses et leurs travaux, s'ils consentaient à donner un libre essor à toutes facultés humaines, s'ils voulaient s'asseoir fraternellement ensemble autour de la table de Dieu, s'ils ne repoussaient pas toutes les idées sociales avec le grondement inquiet de l'animal vorace qui craint, lorsqu'on lui parle, qu'on ne veuille lui ravir sa proie !

C'est alors que s'accomplirait cette parole du prophète : « On forgera des coutres de charrues avec les épées et les lances, et l'on n'entendra plus, dans le peuple, la voix des clameurs, ni la voix des larmes.

» Ceux qui bâtiront les maisons les habiteront, et ceux qui travailleront à la vigne mangeront de ses fruits.

» Ils ne travailleront plus en vain et ils ne trembleront plus en mettant des enfants au monde.

» Le loup et l'agneau iront ensemble au pâturage, le lion et le bœuf partageront la même nourriture, et il n'y aura plus, sur toute la terre du Seigneur, aucun être qui tue ou qui fasse du mal. »

O juges de la terre qui condamnez des hommes à la peine de mort, il faudrait que la vie fût un bien pour que la mort pût être une peine !

Mais vous qui donnez la mort, savez-vous ce que c'est que la vie ? et ne ressemblez-vous pas à ces morts dont parle l'Évangile, et auxquels le Sauveur veut qu'on laisse le soin d'ensevelir les morts ?

## XXIII

### LA PAROLE ÉTERNELLE

La vérité est comme la lumière, elle se décompose en rayons de diverses couleurs en traversant des milieux qui la réfractent, ou se réunit en faisceaux pour reprendre sa blancheur primitive, mais c'est toujours la même vérité et la même lumière.

La parole est tantôt le prisme, tantôt le miroir ardent de ce rayon divin : elle change avec les temps, elle se modifie avec les hommes ; la voix en est tantôt grave et sévère, tantôt menaçante et terrible, tantôt insinuante et douce, mais le Verbe est toujours le même.

La vérité révélée, c'est-à-dire le rayonnement éternel de la lumière de Dieu, a dû être divisée et réfractée par l'intelligence humaine pour la pénétrer tout entière. C'est pourquoi, selon la parole de l'apôtre, les hérésies ont été nécessaires.

C'est l'opposition de l'ombre qui fait ressortir les formes dans la lumière; c'est la négation qui établit l'affirmation; c'est le protestantisme qui sauve la catholicité, en émancipant les consciences.

La parole est révolutionnaire, lorsqu'elle résiste à la persécution des mauvais maîtres; elle est contre-révolutionnaire, lorsqu'elle oppose l'ordre social à la licence des instincts révoltés, parce qu'elle proteste contre toutes les tyrannies.

La parole éternelle dit également à l'enfant : « Tu obéiras à ton père; » et au père : « Tu respecteras ton enfant. »

Elle dit aux rois : « Que celui-là seul peut reconnaître des devoirs auquel on reconnaît des droits; » et au peuple : « Que celui-là seul a des droits, qui sait accomplir des devoirs. »

Elle ne dit pas aux uns : Vous commanderez, et aux autres : Vous obéirez; elle dit à tous : Vous aimerez!

Aussi, celui-là seul mérite-t-il d'interpréter la loi à ses frères et d'exercer parmi eux les fonctions paternelles ou royales, qui sait les aimer plus que lui-même.

Or, jamais la liberté ne se révolte contre l'empire de l'amour. La liberté résiste à la contrainte et obéit toujours à l'attrait, parce que l'attrait est la loi essentielle et universelle de tous les êtres, et c'est aussi la loi de l'amour.

La confiance de l'amour fait naître la foi. L'enfant croit à sa mère, parce qu'il se sent aimé d'elle, et ainsi sa foi est raisonnable. Mais où il n'y a pas d'amour, la foi ne peut être que superstitieuse et servile, parce que sans amour il n'y a pas de liberté, comme sans liberté il n'y a pas d'amour.

Ainsi, Dieu en disant aux hommes : Vous aimerez ! leur a dit en même temps : Vous croirez et vous serez libres ! et tous les malheurs du monde sont venus des efforts insensés de ceux qui, pour rendre la foi esclave, ont voulu la séparer de l'amour.

C'est pourquoi la question la plus vivante de notre époque est l'émancipation religieuse et morale de la femme, parce que la femme est le cœur de l'humanité.

La foi et la liberté sont représentées également sous la figure d'une femme.

L'Église se représente elle-même sous la figure d'une épouse que son fiancé attend ; or, le fiancé qui s'ennuie de son veuvage anticipé, c'est le Christ, l'homme de douleur, qui a mérité tout l'amour de l'épouse en se livrant à la mort pour elle.

Il y aura donc un jour un mariage dans le ciel, quand l'Église, affranchie de toute servitude, aura rendu la foi raisonnable en la laissant libre. Alors le protestantisme cessera de lui-même, et il n'y aura plus qu'une seule communion.

## XXIV

### LA TERRE PROMISE

Père, que ta volonté soit faite sur la terre comme au ciel.

Heureux les hommes de paix et de douceur, parce qu'ils posséderont la terre !

Tu enverras ton esprit, Seigneur, et il se fera une création nouvelle, et la face de la terre sera renouvelée.

Voilà quelles sont les paroles de Dieu même dans le livre que révèrent tous les chrétiens.

Comment donc quelques hommes viennent-ils nous dire que le royaume de Dieu ne sera jamais de ce monde ?

Ne savent-ils pas que, par *ce monde,* le Christ n'entendait pas la terre, mais les institutions sociales de son temps ?

N'est-il pas dit qu'il y aura un ciel nouveau et une terre nouvelle?

Le Christ n'a-t-il pas dit que l'esprit de vérité viendrait, et enseignerait toute vérité aux hommes?

N'a t-il pas promis que son second avènement aurait la splendeur de l'éclair, et que les aigles, c'est-à-dire les plus hautes intelligences se rassembleraient autour de lui?

N'avait-il pas beaucoup de choses à dire, que ses apôtres mêmes n'étaient pas capables encore de comprendre?

La cité de Dieu ne doit-elle pas succéder sur la terre à la cité des hommes, et, dans la vision de saint Jean, la ruine de Babylone ne précède-t-elle pas l'avènement de la nouvelle Jérusalem, qui descend du ciel sur la terre?

Or, qu'est-ce que la cité de Dieu, sinon la cité de l'amour universel? qu'est-ce que l'amour universel, si ce n'est pas l'harmonie?

Qu'est-ce que l'harmonie, sinon l'ordre qui produit la paix?

Le Christ a donné au monde la charité pour loi: mais depuis le Christ jusqu'à nous, la charité parfaite n'a pu être que le sacrifice complet de soi-même. Or, la loi de l'héroïsme est toujours exceptionnelle, et le temps devait venir où le précepte évangélique devait être une loi de vie pour tous, et non de mort glorieuse pour quelques-uns.

La parole du Christ était, comme il le dit lui-même, un levain caché qui devait soulever toute la masse de la pâte, pour donner du pain à tous les hommes.

Il avait indiqué le but, puis il avait dit : Cherchez et vous trouverez ! car, de son temps, l'esprit humain n'était pas mûr pour la science sociale, mais il préparait par la foi l'émancipation de l'intelligence, et l'intelligence devait résoudre le problème proposé à la foi.

Ce problème, c'était l'unité divine et humaine, l'association universelle, qui doit faire de l'humanité le corps même de Dieu.

C'était là cet or symbolique, synthèse de tous les métaux analysés par la lumière ; c'était là cet élixir de vie, que cherchaient, à leur insu, les aveugles disciples d'Hermès.

Un homme avait rêvé les correspondances du ciel avec la terre, et avait pressenti l'existence d'une algèbre céleste dont les formes visibles étaient les signes, et dont les équations pouvaient expliquer tous les mystères de la religion et de la science.

Un autre homme est venu, qui a osé affirmer l'unité universelle au nom de la science, qu'il synthétisait par les analogies.

La science analogique, appliquée au progrès, lui révéla la loi sériaire; il compta les degrés de la vie sur l'échelle des êtres, et il comprit que tous les êtres vivants ont une place à remplir où ils doivent se trouver heureux parce qu'ils y seront dans l'ordre; tandis que partout ailleurs ils ne trouveraient que souffrance.

Il vit que les attraits devaient être proportionnés aux aptitudes, et que les aptitudes, expression de la volonté de Dieu sur les êtres, devaient différer en raison des différentes destinées.

Il comprit que l'attraction est la force universelle de la nature dont l'équilibre est le pivot.

Il osa proposer de centupler les forces de l'humanité en leur donnant un essor harmonieux par la satisfaction des attraits légitimes.

Il promit de rendre le travail attrayant en le mesurant à toutes les forces combinées et à toutes les aptitudes; il voulut faire comprendre au monde que les vices naissaient de la compression du légitime essor, et que les passions désordonnées n'étaient que des attraits contrariés et des réactions d'aptitudes comprimées.

Il osa défendre Dieu contre les blasphèmes de l'ignorance et promettre au travail de l'homme jusqu'à l'empire des saisons.

Il démontra que la culture de la terre devait modifier les climats, et promit aux efforts de l'humanité toute une création nouvelle.

La terre, heureuse d'être enfin conquise et délivrée par ses enfants, doit tressaillir d'amour sous l'impression de l'harmonie : la voilà qui rayonne d'une chaleur longtemps comprimée, et l'électricité qui s'échappe de son sein se fixe sur le pôle en couronne de lumière pour éclairer un nouvel Eden !...

Oh ! si cet homme n'est pas le plus profond des penseurs, c'est du moins le plus admirable des poëtes : et le monde ne l'a pas compris !

On s'est arrêté à quelques comparaisons excentriques, à quelques hypothèses singulières, à quelques fantaisies de l'homme, en un mot pour se donner le droit de ne pas écouter le prophète.

On l'a accusé de vouloir donner l'essor aux mauvaises passions, qu'il voulait trancher dans leurs racines.

Les prétendus chrétiens se sont récriés qu'il voulait organiser le sensualisme et béatifier la chair, sans se souvenir que Jésus aussi avait été appelé un mangeur insatiable et un buveur de vin.

Or, Fourier s'est souvenu, lui, que Jésus en donnant le pain aux hommes, leur a dit : « Mangez-en tous ; » et qu'en bénissant le vin, il a dit : « Buvez-en tous. »

L'homme ne vit pas seulement de pain, il lui faut la parole qui nourrit son intelligence. Mais il ne vit pas seulement par l'intelligence, il lui faut le pain qui nourrit son corps.

N'importe. C'est bien le moins que les hommes rient un peu aujourd'hui de ceux qu'ils crucifiaient autrefois.

Les hommes d'avenir, les sauveurs sont toujours sacrifiés par l'envie. Ils s'en vont, mais les idées restent et font lentement le tour du monde.

Car la terre est promise à l'humanité, et le séjour des hommes doit cesser d'être un exil.

Et ne dites pas que la mort viendra détruire tout leur bonheur et protester contre les théories sociales ; car la mort n'est qu'une transformation de l'être humain et un pas de plus dans le progrès de la vie.

Or, si une vie rendue plus heureuse par l'intelligence et l'amour l'a rendu meilleur sur la terre, il n'en sera que mieux préparé pour le ciel.

# XXV

## LA FEMME EN TRAVAIL.

Il est une créature de Dieu qui gémit, qui souffre et qui enfante laborieusement l'avenir : c'est celle que les symboles catholiques ont réhabilitée et glorifiée sous la figure de Marie.

Marie, qui donne son nom au *mariage* et qui pourtant n'a pas d'époux parmi les hommes, bien qu'elle soit véritablement mère, est le type de cette reine d'amour dont le cœur n'a pas encore été compris, et qui se dévoue, pour être mère, à des unions qui la laissent presque toujours veuve.

Ce qu'on a appelé dans les anciennes légendes le péché originel, n'a été autre chose que la chute et l'asservissement de la femme.

Dès que le sein de la mère a cessé d'être libre, ses générations ont été entachées de servitude.

Or, en quoi consiste la servitude de la femme?

Car je vois déjà des lèvres ironiques sourire, et j'entends des voix d'hommes murmurer que la femme n'est déjà que trop libre selon nos mœurs.

La femme est esclave de la fausseté de nos opinions sur elle, de la brutalité de nos procédés envers elle, de notre despotisme stupide et de notre injuste partialité.

Nous ne croyons pas à l'amour de la femme, parce que nous sommes incapables nous-mêmes d'un véritable amour. Ainsi la femme est condamnée à l'exil du cœur si elle ne veut pas subir les déceptions de nos passions inconstantes et profondément égoïstes : première servitude morale.

Nous cherchons sans cesse à surprendre les sens de la femme pour faire illusion à son cœur ; elle ne peut opposer à nos séductions qu'une habileté plus grande pour les reconnaître et les éluder; si elle parle de vertu, nous n'y croyons pas, et elle doit, par dignité même, dissimuler la noblesse de son âme blessée pour tolérer, tout en y résistant, nos galanteries insolentes : seconde servitude morale.

L'humanité intelligente et régénérée croira-t-elle un jour que, dans un siècle prétendu civilisé, une femme ne pouvait sortir seule sans être en butte aux plaisanteries insultantes, aux regards effrontés et aux propos impurs des hommes !

Or, voici dans notre siècle de quelle liberté jouit la femme.

Jeune fille, elle ne peut sortir sans son père ; on la renferme dans la maison paternelle où l'on contraint tous ses penchants dans les entraves d'une éducation abrutissante, ou bien on lui fait subir la détention du pensionnat ou du couvent, jusqu'à l'âge où elle sera vendue légalement à un inconnu qu'elle n'aimera pas, mais auquel il faudra se résigner à livrer sa pudeur, pour conquérir une ombre de liberté. Elle est livrée ensuite à la discrétion de cet homme, qu'il faudra nécessairement tromper pour le satisfaire. C'est ainsi que de servitude en servitude, et de douleurs en douleurs, la femme de la société présente parvient enfin à être mère sans avoir été amante ni épouse selon son cœur, et réalise le type de Marie, la mère douloureuse, qui n'a jamais aimé que son divin enfant, et qui a trouvé dans cet unique amour toutes les joies et toutes les tortures de son cœur.

Je dis la femme de la société, car, pour la femme du peuple, la servitude est encore plus grossière et plus cruelle. Un grand nombre de celles qui parviennent à se marier, deviennent les servantes d'un homme vicieux et brutal; celles qui ne se marient pas finissent, presque toutes, par être les esclaves de la prostitution publique, pour échapper à la servitude de la misère et à la mort de la faim. Voilà ce que vous appelez la trop grande liberté de la femme.

Or, le monde ne sera sauvé qu'après la réparation de cette grande injustice.

C'est la femme, maintenant, qui est crucifiée et qui se tord dans les douleurs de l'agonie, pour le salut du monde.

Elle crie à son tour : J'ai soif! j'ai soif d'un peu d'amour ! et personne ne la comprend, car les hommes n'ont pas le cœur d'une mère! Cependant les hommes ne seront jamais libres tant que la femme sera esclave, parce que la femme, c'est l'amour, et parce que l'amour, c'est la liberté.

La loi de servitude, c'est : Tu craindras. La loi de liberté, c'est : Tu aimeras. Et c'est en ce précepte divin que se résume la loi chrétienne

Aussi le christianisme, pour s'accomplir et se réaliser, a-t-il résumé tous ses symboles dans l'apothéose de Marie, et a-t-il fait succéder à toutes ses images celle de deux cœurs unis par les douleurs et les gloires d'un même amour.

Aussi toute la vie du catholicisme moderne s'est-elle retirée dans le culte de Marie et dans les fêtes maternelles de son doux cœur brûlant d'amour et traversé d'un glaive.

Ainsi quand l'opinion sera plus juste envers la femme et la fera communier aux gloires de la mère de Dieu,

Quand le sentiment de l'amour sera respecté en elle et quand on ne la prostituera plus légalement en la vendant à celui qu'elle n'aime pas,

Quand les lois la protégeront plus que les hommes, parce qu'elle est plus faible physiquement, et moralement plus intéressante aux yeux de la reconnaissance publique à cause des priviléges de la maternité,

Alors la femme pourra cesser de feindre, alors elle osera comprendre elle-même son propre cœur, et elle n'en dérobera plus les secrets aux hommes devenus ses légitimes enfants.

Le monde alors saura ce qu'il y avait de caché au fond de cette parole du Sauveur : Aimez-vous les uns les autres comme je vous ai aimés.

L'amour alors fécondera les calculs de la science, et en répandant sa poésie sur les nombres, il en fera de l'harmonie.

Dieu alors semblera être descendu sur la terre, et celle qui aura rendu l'amour au monde pourra recevoir de la gratitude éclairée de ses enfants le beau nom de mère de Dieu !

## XXVI

### LE PASTEUR DES LIONS

Lorsque la justice de Dieu régnera sur la terre, dit le prophète Isaïe, les loups et les agneaux, les taureaux et les lions, se reposeront dans les mêmes pâturages et un petit enfant les conduira.

Un jour, que les apôtres disputaient sur le premier rang, Jésus prit un petit enfant, l'embrassa et le mit au milieu d'eux, en leur disant : « Si quelqu'un veut être le premier parmi ses frères, qu'il soit semblable à ce petit enfant. »

« Je vous dis, en vérité, ajoutait-il dans une autre circonstance, que, si vous ne recevez le royaume de Dieu comme des petits enfants, vous n'y entrerez pas. »

Ainsi, le premier des hommes, selon le Verbe éternel, c'est le plus simple de cœur, le plus tranquille d'esprit, le plus confiant à Dieu et le moins inquiet pour l'avenir.

Tels ne sont pas et tels ne peuvent être les hommes supérieurs dans notre société subversive, et, pourtant, on peut remarquer que la plupart de nos hommes de génie étaient, en quelque chose, de vrais enfants.

L'homme n'est pas fait pour les calculs de la ruse, ni pour les détours de la crainte ; Dieu a mis en lui un besoin de droiture et de vérité, qui sont ses titres à la dignité de créature libre; car la fraude et le mensonge sont des vices d'esclave.

Quand des lois vraiment justes gouverneront le monde, quand la régénération religieuse aura renouvelé les âmes, et quand les progrès de l'intelligence auront assuré l'harmonie entre les peuples, quand tous les attraits légitimes seront satisfaits et quand toutes les aptitudes seront exercées, il n'y aura plus ni forts ni faibles, car tous seront utiles les uns aux autres, et tous se prêteront un mutuel secours. Alors l'esprit le plus profond sera le plus droit et le plus simple; alors l'homme le plus religieux sera celui qui se confiera à la Providence avec le plus de naïveté et d'abandon.

Les passions de l'homme, représentées par les

animaux féroces ou pacifiques, pourront s'associer sans danger, parce que les instincts énergiques ne seront plus rendus subversifs par la compression.

C'est ainsi que l'homme gardera toujours cette pureté et cette sérénité qui sont maintenant le privilége exclusif de l'enfance, et il conduira ses passions, unies et harmonieuses, comme un pasteur mène son troupeau.

Et ce qui s'accomplira dans chaque individu, s'accomplira aussi dans la société, qui est l'homme collectif; la simplicité et la paix régneront sans trouble et sans crainte, et les rois ressembleront à ce petit enfant que Jésus présentait pour modèle à ses apôtres, ou à celui que le prophète nous montre dans son chant palingénésique, rangeant sous sa houlette les tigres et lions endormis parmi les agneaux !

O belles images du siècle d'or ! paradis terrestre entrevu par nos pères ! tu viendras consoler nos enfants de toutes nos douleurs !

La terre est en travail pour t'enfanter, et la cité des hommes s'écroule depuis deux mille ans, parce que la terre tremble et s'agite.

Viendra ensuite l'esprit du Seigneur, le vent terrible qui souffle sur la cendre des morts et qui disperse les ruines !

## XXVII

### L'ESPRIT DES RUINES

Quand les anciennes croyances s'en vont, quand s'évanouissent tous les prestiges de l'enthousiasme et de la vertu, quand les hommes craignent de regarder le ciel et se hâtent de jouir sur la terre, comme si le ciel était fermé pour eux et comme si la terre allait leur échapper; hommes d'avenir, espérez et priez : c'est l'esprit des ruines qui passe!

Quand les pouvoirs effraient les consciences avec des menaces ou les corrompent avec de l'or, quand les hommes d'Etat affichent l'impudeur, quand la fraude enrichie est publiquement honorée, quand l'esprit de mort s'étend partout comme cette torpeur universelle qui précède, au désert, le passage du Simoum, alors vous tous qui vivez de la vie de l'âme et qui espérez encore, rassurez-vous et regardez le ciel : l'esprit des ruines s'approche, et l'esprit de vie viendra après lui.

L'esprit des ruines s'empare des rois comme un vertige, et les pousse à opprimer ou à corrompre les nations.

L'esprit des ruines s'étend sur les populations comme un lourd sommeil, et lorsque la gloire ou la liberté les appellent, elles ne répondent plus.

L'esprit des ruines est un vent brûlant qui dessèche les cœurs et y dévore le souvenir de Dieu, pour n'y laisser qu'un grand vide et qu'un froid désespoir, comme l'a bien senti le triste génie de celui qui a écrit le livre des ruines.

L'Inde adorait le destructeur : elle se trompait; la destruction ne vient pas de Dieu; la destruction est la mort naturelle de ce qui doit être mortel.

L'Humanité, cette fille immortelle de Dieu, use successivement plusieurs vêtements, et voilà pourquoi les religions se succèdent avec les gouvernements, ou plutôt la religion grandit et se transfigure en changeant de symboles, et renouvelle à la fois le ciel et la terre.

Or, parmi les serviteurs de l'Humanité, les uns la dépouillent des vêtements qu'elle vient d'user, et ce sont les exterminateurs; d'autres préparent sa robe nouvelle, et ce sont les initiateurs pacifiques.

Les premiers tiennent des ciseaux pour découdre et des couteaux pour trancher les nœuds; ils se dévouent à une œuvre que, souvent, ils ne comprennent pas. Ils sentent en eux cette force inconnue qui tourmentait Attila et le portait à incendier Rome.

Les seconds ne rêvent que la paix et croient toujours, tant le bien leur paraît simple et facile, que l'humanité y viendra sans effusion de sang et sans efforts.

L'esprit du christianisme, dans sa première manifestation avec ses doctrines de mortification, de renoncement, d'abnégation absolue, de mort vivante ou de vie mourante, comme disait saint Augustin, cet esprit qui travaille la terre depuis dix-huit cents ans, n'a encore été que l'esprit des ruines; car c'est parmi les ruines de la cité des hommes qu'il a préparé les fondements de la cité de Dieu.

Les quatre animaux évangéliques, cette analyse du sphinx égyptien, ont fait leur œuvre tour à tour pour se synthétiser encore et venir révéler au monde le mot de cette énigme, que le tonnerre étouffa dans le sein d'Œdipe.

Les conquérants ont passé : c'était le lion qui s'élance, qui renverse et qui dévore.

Sous le règne de la force brutale, le taureau était offert en sacrifice ; c'était le travailleur qui demandait justice de la violence du guerrier.

Puis sont venus les premiers efforts de la civilisation ; le taureau n'a plus été sacrifié par le couteau du prêtre, mais ils l'ont mutilé pour l'énerver et le dompter, puis ils lui ont fait porter le joug des superstitions et de l'arbitraire, et le peuple, attelé à la charrue, a labouré la terre, encore sanglante des festins horribles du lion.

L'homme, alors, était figuré moralement par le Sauveur cloué à la croix, car la pensée et l'amour étaient encore captifs et les consciences n'étaient pas libres.

Enfin, l'homme s'est levé, car l'heure d'ensemencer les sillons était venue, mais l'homme était triste et s'ennuyait d'être seul ; il a eu peur dans sa solitude et il a fixé ses yeux sur la terre, pour ne pas voir le vide immense du ciel, comme s'il eût craint d'être dévoré par l'abîme de l'infini.

Dans ce siècle de matérialisme et de peur, le génie est esclave comme un aigle enchaîné, et Prométhée, déjà debout, mais encore malade, semble se venger, sur cet aiglè captif, de la longue blessure de son cœur!

Vienne enfin la régénération religieuse et sociale qui affranchira l'âme humaine des sollicitudes animales, vienne la grande synthèse religieuse et scientifique, et la réconciliation de la raison et de la foi, sous les auspices de l'amour!

L'aigle, alors, sera délivrée et elle poussera un cri de joie en s'élançant vers le soleil, et toutes les intelligences et tous les cœurs seront entraînés avec elle à travers des flots de clarté et s'élèveront sur ses ailes immenses.

C'est alors que le génie humain regardera la terre d'assez haut pour comprendre l'œuvre du divin cultivateur.

Alors l'esprit des ruines cessera d'être un fantôme désolé qui gémit à travers les décombres; ce sera le plus beau et le plus fort des anges de Dieu.

Souriant à la moisson nouvelle, il s'appuiera d'une main sur une charrue, et de l'autre sur une épée, en contemplant le vol glorieux de l'aigle.

Mais l'aigle, alors, sera transformée selon la vision symbolique d'Ézéchiel; elle aura les quatre apparences : du lion, du taureau, de l'homme et de l'aigle; ce sera le nouveau sphinx et elle ne proposera plus d'énigmes, car tout sera expliqué par la synthèse de la force, de la patience, de l'intelligence et de l'amour.

La force, la patience et l'intelligence demeurent sur la terre et la cultivent ; mais c'est l'amour seul qui unit le ciel à la terre ; car, à lui seul, il a été donné des ailes pour s'élever vers Dieu et se plonger dans ses adorables splendeurs.

## XXVIII

### CELUI QUI EST DEBOUT

Tous ses ennemis sont tombés; tous ceux qui le condamnaient sont morts; ceux qui le persécutaient sont couchés pour toujours, et lui, il est toujours debout!

Les hommes d'envie se sont coalisés contre lui, ils se sont accordés sur un seul point; les hommes de division se sont unis pour le détruire, ils se sont faits rois, et ils l'ont proscrit; ils se sont faits hypocrites, et ils l'ont accusé; ils se sont faits juges, et ils lui ont lu sa sentence de mort; ils se sont faits bourreaux, et ils l'ont exécuté; ils lui ont fait boire la ciguë, ils l'ont crucifié, ils l'ont lapidé, ils l'ont brûlé et ont jeté ses cendres au vent; puis ils ont rugi d'épouvante : il était debout devant eux, les accusant par ses blessures, et les foudroyant par l'éclat de ses cicatrices.

On croit l'égorger au berceau à Bethléem, il est vivant en Egypte! On le traîne sur la montagne pour le précipiter; la foule de ses assassins l'entoure et triomphe déjà de sa perte certaine : un cri se fait entendre; n'est-ce pas lui qui vient de se briser sur les rochers du précipice? Ils pâlissent et ils se regardent; mais lui, calme et souriant de pitié, il passe au milieu d'eux et s'en va.

Voici une autre montagne qu'ils viennent de teindre de son sang; voici une croix et un sépulcre; des soldats gardent son tombeau; insensés! le tombeau est vide, et celui qu'ils croyaient mort, chemine paisiblement, entre deux voyageurs, sur la route d'Emmaüs.

Où est-il? où va-t-il? avertissez les maîtres de la terre! dites aux César que leur puissance est menacée! Par qui? par un pauvre qui n'a pas une pierre où reposer sa tête, par un homme du peuple condamné à la mort des esclaves. Quelle insulte ou quelle folie! n'importe, les César vont déployer toute leur puissance : de sanglants édits proscrivent le fugitif, partout des échafauds s'élèvent, des cirques s'ouvrent tout garnis de lions et de gladiateurs, des bûchers s'allument, des torrents de sang ont coulé, et les César, qui se croient victorieux, osent ajouter un nom à ceux dont ils rehaussent leurs trophées, puis ils meurent, et leur apothéose déshonore les dieux qu'ils ont cru défendre; la haine du monde confond, dans un même mépris, Jupiter et Néron; les temples, dont l'adulation a fait des tombeaux, sont renversés sur des cendres proscrites, et sur les débris des idoles, sur les ruines de l'empire; *lui seul,* celui que proscrivaient les César, celui que poursuivaient tant de satellites, celui que torturaient tant de bourreaux, *lui seul* est debout, lui seul règne, lui seul triomphe!

Cependant ses disciples mêmes abusent bientôt de son nom, l'orgueil envahit le sanctuaire; ceux qui devaient annoncer sa résurrection, veulent immortaliser sa mort, afin de se repaître, comme des corbeaux, de sa chair toujours renaissante. Au lieu de l'imiter dans son sacrifice et de donner leur sang pour leurs enfants dans la foi, ils l'enchaînent sur le Vatican, comme sur un nouveau Caucase, et se font les vautours de ce divin Prométhée; mais que lui importe leur mauvais rêve? ils n'ont enchaîné que son image; pour lui, il est toujours debout, et il marche d'exil en exil et de conquête en conquête.

C'est qu'on peut enchaîner un homme, mais on ne retient pas captif le Verbe de Dieu. La parole est libre et rien ne peut la comprimer. Cette parole vivante est la condamnation des méchants, et c'est pourquoi ils voudraient la faire mourir; mais ce sont eux enfin qui meurent, et la parole de vérité reste pour juger leur mémoire!

Orphée a pu être déchiré par les bacchantes, Socrate a bu la coupe de poison, Jésus et ses apôtres ont péri du dernier supplice, Jean Hus, Jérôme de Prague et tant d'autres ont été brûlés, la Saint-Barthélemi et les massacres de septembre ont fait tour à tour des martyrs, l'empereur de Russie a encore à sa disposition des cosaques, des knouts et les déserts de la Sibérie; mais l'esprit d'Orphée, de Socrate, de Jésus et de tous les martyrs restera toujours vivant au milieu des persécuteurs morts à leur tour; il reste debout au milieu des institutions qui tombent et des empires qui se renversent!

C'est cet esprit divin, l'esprit du fils unique de Dieu, que saint Jean représente, dans son Apocalypse, debout, au milieu des chandeliers d'or, parce qu'il est le centre de toutes les lumières, tenant sept étoiles dans sa main, comme la semence de tout un ciel nouveau, et faisant descendre sa parole sur la terre sous la figure d'une épée à deux tranchants.

Quand les sages découragés s'endorment dans la nuit du doute, l'esprit du Christ est debout et il veille.

Quand les peuples, las du travail qui délivre, se couchent et s'assoupissent sur leurs fers, l'esprit du Christ est debout et il proteste.

Quand les sectateurs, aveugles des religions devenues stériles, se prosternent dans la poussière des vieux temples et rampent servilement dans une crainte superstitieuse, l'esprit du Christ reste debout et il prie.

Quand les forts s'affaiblissent, quand les vertus se corrompent, quand tout se plie et s'amoindrit pour chercher une vile pâture, l'esprit du Christ reste debout en regardant le ciel et il attend l'heure de son père.

## XXIX

### LA VOIX QUI PLEURE

La voix qui pleure est la prière de tous les êtres qui souffrent : heureux ceux qui pleurent comme des enfants, car les larmes des hommes sont amères et terribles.

La voix qui pleure est déchirante, surtout lorsqu'elle est sans larmes ; elle est infernale, lorsqu'elle rit.

Oh ! combien l'humanité devait souffrir, lorsqu'elle exprima ses douleurs par les sarcasmes de Voltaire !

Combien elle était profondément désolée, lorsqu'elle souriait avec le don Juan de Byron !

La poésie du doute est devenue la poésie des larmes ; les jeunes poètes de nos jours ressemblent à des mendiants qui gémissent au bord du chemin, en implorant un peu de pitié; on se détourne pour ne pas les entendre, car chacun a bien assez de ses propres misères.

La voix qui pleure, proteste pour le bien contre le mal; elle rend témoignage au progrès, elle prophétise l'avenir.

Jusqu'à ce jour, le livre de Job a été l'interprète de l'humanité; les sanglots du saint Arabe ont été répétés par les échos de tous les âges, et ses larmes ont été l'héritage de toutes les générations.

Aux plaintes de Job, Dieu n'avait fait qu'une réponse : « Ne désespère pas et ne m'accuse pas, puisque j'ai fait ce que tu ne pouvais pas faire; je puis savoir ce que tu ignores ».

Job n'était pas le plus malheureux des hommes, puisqu'il croyait en Dieu et qu'il pouvait pleurer!

L'enfant qui pleure, implore, et lorsqu'on implore, on espère!

La douleur de celui qui ne croit plus en Dieu, ne doit plus même avoir de voix pour se plaindre. A qui se plaindrait-il? Les hommes sont jaloux de ceux qui se plaignent; ils sont avares de leur pitié comme de leur argent, et il semble toujours qu'on veuille la leur dérober.

O Dieu! prends pitié de ceux qui se taisent et qui dévorent lentement leur cœur!

Abrége l'épreuve de ceux qui ont assez souffert pour ne plus espérer en toi!

Prends par la main les aveugles qui ne te voient plus, viens consoler ceux qui te maudissent, fais tomber sur eux une des larmes de ton fils pour amollir la sécheresse de leur cœur!

Eclaire ceux qui blasphèment, dirige ceux qui doutent, relève ceux qui tombent!

La voix qui pleure a un écho dans le cœur de Marie, et c'est un doux symbole que celui de la divine mère priant sans cesse pour nous avec des larmes ineffables et une bienheureuse tristesse.

Oh! c'est la femme qui comprend bien pourquoi l'on pleure, et elle seule aussi doit savoir consoler, parce qu'elle est mère.

O mon Dieu! viens consoler les femmes affligées, pour que les femmes nous consolent!

Rends-nous meilleurs pour elles, fais que nous ne les trompions jamais et que nous ne les abandonnions plus.

Fais-nous respecter en elles le caractère divin de la maternité; qu'elles dirigent notre force au lieu d'en être les victimes.

Qu'elles soient affranchies de toute contrainte, et qu'aucune violence ne soit jamais faite à leur pudeur, que l'intérêt sordide n'impose jamais silence à leur cœur, et qu'il leur soit permis de suivre la douce loi de l'amour, puisque c'est la loi de la vie !

## XXX

### LA VOIX QUI CHANTE

La prière de la foi persévérante est un hymne de sacrifice; le soupir de la douleur qui espère est un chant de résignation et de désir; l'élan de la charité est un long cantique d'amour !

Gloire à Dieu dans le ciel et paix sur la terre aux hommes de bonne volonté !

La voix qui chante est la prière du monde; c'est l'hymne du matin qui annonce le réveil des siècles, comme la chanson des oiseaux accompagne le lever du jour !

Les martyrs chantaient au milieu des supplices; car la foi dans leur âme se sentait immortelle comme le phénix, et reprenait une jeunesse nouvelle au milieu de la flamme des bûchers. La poésie de l'âme s'éveille harmonieuse dans les derniers soupirs du juste qui meurt, et chante comme le cygne fabuleux, son passage à une existence nouvelle.

Tout ce qui rit dans la nature, tout ce qui rayonne dans les belles saisons, tout ce qui resplendit dans le ciel, parle et répond à la voix qui chante.

La beauté toute revêtue de lumière et couronnée de fleurs, chante à Dieu les préludes du grand cantique de l'amour ; la terre au printemps se pare comme une fiancée et chante par la voix de ses forêts ; la mer élève aussi vers Dieu le cantique sévère de ses grandes eaux ; le soleil a vu tous les malheurs du monde, et son front est radieux encore ; il semble écouter l'harmonie des Aphères et lancer par tous ses rayons des jets d'harmonie et d'amour !

Laissez pleurer les enfants de la terre, ils ne sentent que la douleur présente et ne rêvent pas aux biens à venir ; mais vous, enfants de Dieu, poètes de la charité, de l'espérance et de la foi, vous qui verriez le monde se briser sans cesser de bénir Dieu au milieu des ruines, prophètes consolateurs, chantez, chantez toujours !

La voix qui chante endort les petits enfants qui pleurent : chantez, poètes, chantez pour les cœurs isolés que personne ne comprend et ne console !

La voix qui chante encourage le travailleur et

l'aide à supporter le poids du jour : chantez, consolateurs du peuple, chantez pour ceux qui fatiguent leurs bras sans que rien sourie à leurs cœurs.

La voix qui chante perpétue le culte de Dieu sur la terre; chantez, petits oiseaux, car vous avez des ailes ; chantez, petits enfants, car vous avez une mère; chantez, pauvres captifs et pauvres orphelins, car vous avez un Dieu qui veille sur vous et qui compte vos larmes !

Vous qui êtes heureux, chantez pour bénir le père suprême ; vous qui souffrez, chantez pour vaincre la douleur, car elle ne saurait durer toujours !

Que les religions se confondent et vieillissent, que la philosophie s'égare dans les ombres du doute, que l'égoïsme s'empare de la terre comme un froid mortel, que nous importe, si dans nos cœurs nous entendons la voix qui chante !

Aimons, et la vie de notre cœur sera un chant plein de mansuétude ; car l'amour est toute harmonie : et si vous me demandez quelle est la voix qui chante, je vous répondrai : C'est la voix de l'amour qui croit et qui espère !

## XXXI

### LA MORT QUI PASSE

Connaissez-vous la vieille souveraine du monde, qui marche toujours et ne se fatigue jamais?

Toutes les passions déréglées, toutes les voluptés égoïstes, toutes les forces effrénées de l'humanité et toutes ses faiblesses tyranniques précèdent la propriétaire avare de notre vallée de douleurs ; et, la faucille à la main, ces ouvrières infatigables font une éternelle moisson.

La reine est vieille comme le temps ; mais elle cache son squelette sous les débris de la beauté des femmes qu'elle enlève à leur jeunesse et à leurs amours.

Sa tête est garnie de cheveux froids qui ne sont pas à elle. Depuis la chevelure de Bérénice, toute brillante d'étoiles, jusqu'aux cheveux blanchis avant l'âge que le bourreau coupa sur la tête de Marie-Antoinette, la spoliatrice des fronts couronnés s'est parée de la dépouille des reines.

Son corps pâle et glacé est couvert de parures flétries et de suaires en lambeaux.

Les mains osseuses et chargées de bagues, tiennent des diadêmes et des fers, des sceptres et des ossements, des pierreries et de la cendre.

Quand elle passe, les portes s'ouvrent d'elles-mêmes ; elle entre à travers les murailles, elle pénètre jusqu'à l'alcôve des rois, elle vient surprendre les spoliateurs du pauvre dans leurs plus secrètes orgies, s'assied à leur table et leur verse à boire, ricane à leurs chansons avec ses dents dégarnies de gencives, et prend la place de la courtisane impure qui se cache sous leurs rideaux.

Elle aime à rôder autour des voluptueux qui s'endorment ; elle cherche leurs caresses comme si elle espérait se réchauffer dans leurs étreintes, mais elle glace tous ceux qu'elle touche et ne se réchauffe jamais. Parfois cependant on la dirait prise de vertige ; elle ne se promène plus lentement, elle court ; et si ses pieds ne sont pas assez rapides, elle presse les flancs d'un cheval pâle et le lance tout essoufflé à travers les multitudes. Avec elle galope le meurtre sur un cheval roux ; l'incendie déployant sa chevelure de fumée, vole devant elle en balançant ses ailes rouges et noires, et la famine avec la peste la suivent pas à pas sur des chevaux malades et décharnés, glanant les rares épis qu'elle oublie pour lui compléter sa moisson.

Après ce cortége funèbre, viennent deux petits enfants rayonnants de sourire et de vie, l'intelligence et l'amour du siècle à venir, le double génie de l'humanité qui va naître.

Devant eux, les ombres de la mort se replient comme la nuit devant les étoiles de l'aurore ; ils effleurent la terre d'un pied léger et y sèment à pleine main l'espérance d'une autre année.

Mais la mort ne viendra plus impitoyable et terrible, faucher comme de l'herbe sèche les épis mûrs du siècle à venir ; elle cédera la place à l'ange du progrès, qui détachera doucement les âmes de leur chaîne mortelle, pour les laisser monter vers Dieu.

Quand les hommes sauront vivre, ils ne mourront plus ; ils se transformeront comme la crysalide qui devient un papillon brillant.

Les terreurs de la mort sont filles de notre ignorance, et la mort elle-même n'est si affreuse que par les débris dont elle se couvre et les couleurs horribles que lui prêtent nos vices et nos frayeurs.

L'homme passe par plusieurs naissances successives, et quand la science harmonieuse l'aura initié aux secrets de l'immortalité, il ne croira plus à la mort.

Qu'elle achève donc son voyage, la vieille souveraine du monde, et qu'elle se hâte d'arriver au lieu de son repos ; car Dieu a marqué l'heure de la fin de son règne, et bientôt elle se couchera sur un lit d'ossements et de cendres, inclinera sur sa poitrine sa tête appesantie et ne la relèvera plus.

## XXXII

### LE TOMBEAU QUI ENFANTE

Rien ne périt, tout change et se transforme, en s'élevant vers la perfection suprême. La cendre des cadavres féconde la terre, et produit des fruits et des moissons. La terre est un tombeau qui enfante : tout est vivant, tout fermente, tout se meut en elle, et c'est pourquoi le dogme catholique nous ordonne de croire à la résurrection de la chair.

Les œuvres de la pensée survivent aux grands hommes qui ne sont plus avec nous, et fécondent le champ de l'intelligence comme une semence fertile. Aucune parole salutaire n'est perdue pour l'avenir; la vérité qu'on étouffe est une semence qu'on enterre, et rien ne peut empêcher la grande âme humaine de se développer et de s'affranchir.

La compression produit l'expansion, et ceux qui résistent au progrès en sont réellement les conservateurs.

Tout subsiste par l'équilibre; et si les forces morales et physiques ne se balançaient pas, le pivot des deux mondes serait brisé.

Les actions et les réactions alternatives et violentes de l'absolutisme et de la liberté sont comme les oscillations d'un pendule, qui ne doit se reposer qu'au point central.

C'est pourquoi, lorsque nous voyons les dépositaires du pouvoir et les maîtres passagers de la fortune abuser sans pitié de leur autorité ou de leur bien-être d'un jour, nous prévoyons avec douleur une réaction populaire égale à la violence qu'ils exercent.

Qu'on ne se méprenne pas sur le sens de nos avertissements : nous regardons les révolutions violentes comme un grand mal; mais quand elles sont nécessaires au salut de l'humanité, comme ces orages qui purifient l'air, nous sommes prêts à baisser la tête devant la justice de Dieu.

Toutefois, nous prions, comme le Christ au jardin des Olives, que ce calice s'éloigne de nous!

Et quel monstre pourrait aspirer de sang-froid à

l'incendie des villes, au meurtre des enfants et des femmes, à toutes les horreurs enfin qui accompagnent et suivent la guerre civile!

Qui peut surtout songer sans frémir à toutes les vengeances épouvantables et inouïes que pourrait commettre une multitude, rendue furieuse par la faim et abrutie par la misère!

La terre, maintenant, au lieu d'être une mère qui nourrit ses enfants, n'est plus qu'un tombeau qui les dévore!

Mais prenez garde! les ossements des victimes sont une semence de vengeurs; et si l'on empêche la terre d'enfanter la vie pour tous, elle enfantera la mort pour les spoliateurs des pauvres!

Riches et grands, songez-y, et ne méprisez pas la voix qui vous conjure de vous sauver vous-mêmes et de sauver le monde!

N'appelez pas impies ceux qui veulent rendre à la religion les hommages libres de toutes les intelligences élevées; n'appelez pas séditieux ceux qui redoutent plus que vous la dernière révolution, parce qu'ils la prévoient; n'appelez pas hommes de sang ceux qui voudraient donner leur vie pour la paix du monde et l'harmonie universelle.

Des cris de douleurs s'élèvent de la terre; des

cris d'angoisses s'échappent du sein des multitudes souffrantes.

Une voix inconnue semble pleurer la fin prochaine d'un monde et saluer le monde nouveau; c'est la voix du tombeau qui enfante, c'est la vie qui se plaint dans les entrailles de la mort, c'est la liberté endormie qui rêve et qui s'agite sur la couche de son sommeil, parce que l'heure approche où elle doit se réveiller !

# XXXIII

## L'INSCRIPTION EFFACÉE

Selon le récit de l'Evangile, l'inscription par laquelle était déclarée la royauté spirituelle du Christ était écrite en hébreu, en grec et en latin; c'était l'expression de la synthèse universelle.

L'hellénisme, en effet, cette grande et belle religion de la forme, n'avait pas moins annoncé la venue du Sauveur que les prophètes du judaïsme; la fable de Psyché est une abstraction plus que chrétienne, et le culte des panthées, en réhabilitant Socrate, préparait les autels à cette unité de Dieu, dont Israël avait été le mystérieux conservateur.

Mais la synagogue renia son messie, et les lettres hébraïques furent effacées, du moins aux yeux aveuglés des juifs.

Les persécuteurs romains déshonorèrent l'hellénisme, que ne put réhabiliter la fausse modération de Julien le philosophe, surnommé peut-être injustement l'apostat, puisque son christianisme n'avait jamais été sincère : l'ignorance du moyen âge vint ensuite opposer les saints et les vierges aux dieux, aux déesses et aux nymphes; le sens profond des symboles helléniques fut plus incompris que jamais; la Grèce elle-même, non seulement perdit les traditions de son ancien culte, mais elle se sépara de l'église latine; et ainsi, aux yeux des latins, les lettres grecques furent effacées, comme les lettres latines disparurent aux yeux des Grecs.

Ainsi, l'inscription de la croix du Sauveur disparut entièrement, et il n'y resta plus que des initiales mystérieuses.

Mais lorsque la science et la philosophie, recueillies avec la foi, réuniront en un seul tous les différents symboles, lorsque toutes les magnificences des cultes antiques refleuriront dans la mémoire des hommes, en proclamant le progrès de l'esprit humain dans l'intuition de la lumière de Dieu;

Lorsque la beauté, cette fille de Dieu, se réconciliera avec son père, lorsque la forme se soumettra à l'idée qui la féconde, lorsque Marie ne rougira pas d'être belle comme Vénus, et lorsque Vénus, entourée d'amours aussi purs que les anges, sera chaste comme Marie;

Alors les restes d'Israël seront sauvés selon la prophétie de saint Paul, et la synagogue régénérée viendra écrire de nouveau sur l'inscription du Sauveur : Celui-ci est Jésus, le roi des juifs.

L'église grecque et l'église latine se réuniront dans la communion universelle, et écriront de nouveau, chacune dans leur langue, leur adhésion à la royauté spirituelle du Sauveur.

La France alors, cette nation élue, dont le nom veut dire liberté, résumera les trois inscriptions en les traduisant; et puissent tous les peuples du monde comprendre alors la langue de la France!

Mais on ne dira plus seulement : C'est Jésus, le roi des juifs; il n'y aura plus de juifs, ni de chrétiens dissidents, ni de catholiques oppresseurs des consciences; il n'y aura plus qu'une religion, comme il n'y a qu'un Dieu!

Alors donc il faudra écrire, non plus sur une croix, mais sur le fronton des temples :

*Jésus, le roi des rois et le sauveur de tous les hommes!*

# XXXIV

## LE VOILE DU TEMPLE DÉCHIRÉ

La mort du Christ avait déchiré le voile du temple depuis le haut jusqu'en bas, parce que l'idée divine, en prenant une forme humaine, s'était manifestée aux hommes et devait désormais leur être accessible.

Ceux donc qui ont refermé le sanctuaire et qui ont tendu un second voile entre le peuple et le saint des saints, ceux-là ont condamné le Sauveur du monde à mourir une seconde fois.

Dieu ne se refuse pas plus à notre raison que le soleil à nos yeux; nous pouvons regarder le soleil, mais nous ne pouvons pas le fixer : c'est par lui que nous voyons tout; mais lui, nous cherchons rarement à le voir, parce que notre prunelle ne peut soutenir l'éclat de sa lumière. Il en est de même de notre raison et de Dieu.

Toutefois, notre raison seule serait comme un œil mort, c'est l'amour qui la vivifie.

Heureux ceux qui ont le cœur pur, a dit le Sauveur, car ils verront Dieu !

Depuis que le Christ a consommé son œuvre en aimant les hommes jusqu'à la mort, le voile du sanctuaire est déchiré; et ceux qui ne pénètrent pas encore les secrets du temple, portent un voile sur leur cœur.

Lorsque nous fermons les yeux volontairement, devons-nous accuser Dieu d'avoir mis un voile entre nos yeux et le soleil?

Dieu ne veut pas nous contraindre même à le voir, et il a donné à notre intelligence une sorte de paupière que nous pouvons interposer entre lui et nous.

Voilà quel est le dernier voile du temple. Le Christ a déchiré celui qui séparait les prêtres du peuple, et il a fait participer tous les chrétiens à son sacerdoce, en sorte que les prêtres de la loi nouvelle ne sont que les délégués du peuple.

Mais le vrai temple de Dieu, c'est l'univers entier, dont la science déchire le voile.

Le vrai temple de Dieu, c'est l'homme : l'homme, cette énigme du sphinx, cet être qui s'ignore lui-même et qui ne sait pas voir dans sa propre nature les traits du père suprême dont il est l'image.

Le Christ, en se livrant tout entier au supplice et à la communion fraternelle, a déchiré aussi le voile de ce temple; et l'homme peut désormais chercher Dieu en lui-même et se chercher lui-même en Dieu.

Tout ce qui est vrai, tout ce qui est beau, tout ce qui est aimable, tout ce qui est doux au cœur et bon à la pensée, tout cela est de Dieu et tout cela nous appartient.

Dieu ne se refuse à personne; il n'aveugle pas les uns pour éclairer les autres, il ne choisit pas parmi ses enfants le petit nombre des heureux; il souffre qu'un mal passager nous serve d'épreuve, et il nous attend parce qu'il est éternel.

C'est nous qui nous créons un enfer, en nous détournant de notre bien suprême. Dieu, ne pouvant être aimé de nous que librement, ne contraindra jamais notre amour, et c'est pourquoi, en principe, on dit que l'enfer est éternel : mais les âmes n'y seront enchaînées que par leur propre volonté, et Dieu aura toujours les bras ouverts pour recevoir celles qui voudront remonter vers lui.

## XXXV

### LES TROIS TÉMOINS

La synthèse religieuse se trouve encore exprimée dans l'Evangile par le mythe de la transfiguration sur le Thabor.

Lorsque Jésus apparut à ceux de ses trois disciples qui représentent les trois degrés du progrès religieux, la Foi, l'Espérance et la Charité; lorsqu'il leur apparut sous la forme d'un homme de Lumière, qui s'entretenait avec Moïse et Elie, en se tenant debout au milieu d'eux.

Car c'était une tradition accréditée chez les juifs et transmise par eux aux chrétiens, qu'Elie devait revenir pour précéder l'avénement du Sauveur.

Or, Elie, toujours proscrit par Achab et le faisant trembler du fond de son exil; Elie, toujours poursuivi comme un rebelle et brûlant de zèle contre les esclaves de la tyrannie, Elie représente la prophétie indépendante, qui proteste contre la corruption de toutes les synagogues.

Elie, selon l'explication même de Jésus, est revenu sur la terre en la personne de Jean-Baptiste ; celui qui prêchait au désert et qui osait dire à Hérodes : Il ne vous est pas permis de faire telle chose !

Elie est revenu encore en la personne de Savonarole, de Jean Wicleff, de Jean Hus et de tous les protestants illustres, qui moururent en rendant témoignage aux bonnes mœurs et à la liberté de conscience.

L'esprit de protestation n'a jamais cessé dans l'Eglise. Les anciens prophètes étaient des protestants sublimes que l'Eglise officielle d'alors livrait à la vengeance des rois.

N'osaient-ils pas dire que l'encens des prêtres d'alors était un encens impur, et que les holocaustes d'animaux étaient aussi abominables devant Dieu, que le meurtre des hommes?

N'annonçaient-ils pas la fin du sacrifice perpétuel et l'affranchissement du culte?

Jésus, lui-même, n'était-il pas un protestant dont les disciples étaient excommuniés par la synagogue?

L'esprit chrétien est un esprit de protestation contre le monde, tant que le monde n'est pas chrétien. L'Eglise n'est vivante que lorsqu'elle proteste : si elle accepte du monde une place et des dignités, elle se frappe elle-même de mort.

C'est pourquoi la sécularisation de l'Eglise sous Constantin et sa constitution officielle, peupla le désert de protestants; car les pères du désert n'étaient pas autre chose.

Non, ce n'est pas sous la pourpre des princes de Rome, ni sous l'hermine des prélats, qu'il faut chercher l'esprit d'Elie!

Le vrai protestantisme ne se trouve plus même parmi ces sectaires guindés et froids, qui se sont fait une église officielle et protégée des gouvernements, comme s'ils n'avaient refusé d'obéir à l'Eglise catholique que pour lui faire une concurrence intéressée!

D'ailleurs, la protestation ne doit pas se faire au nom d'une secte contre l'unité, mais au nom de l'unité contre les sectaires.

Au nom de la charité contre les pharisiens, qui prennent la clé de la science et qui, n'entrant pas eux-mêmes, empêchent les autres d'entrer;

Au nom de la justice contre les doctrines de

compression et d'asservissement de la pensée;

Au nom de la religion contre les superstitions abrutissantes;

Au nom de la liberté contre toutes les servitudes, selon cette parole de l'apôtre : Vous avez été rachetés à un prix immense, ne vous faites plus les esclaves des hommes!

C'est pourquoi l'auteur de ce livre proteste dans le catholicisme et au nom du catholicisme contre les oppressions et les abus qui déshonorent la religion de l'unité.

Enfant de l'Eglise romaine, il respecte Rome comme le berceau de la foi, et, dans ses espérances pour l'avenir, il salue avec amour le nom d'Eglise catholique, parce que ces deux mots grecs veulent dire en français: Association universelle.

Quant aux pharisiens du christianisme, quant aux scribes et aux docteurs de la loi, quant aux théologiens absurdes et aux casuistes ridicules, tout homme de bon sens se soucie peu de leurs décisions, et encore moins de leurs anathèmes. Les évêques du monde intelligent sont les hommes d'une intelligence supérieure, et ceux-là ont seuls, maintenant, le droit d'expliquer la religion au peuple, qui la comprennent mieux et qui savent mieux la faire comprendre.

Mais comment prouveront-ils qu'ils la comprennent mieux, demanderont les pharisiens? — C'est en a rendant plus intelligible et en la mettant à la portée de toutes les aspirations de la pensée et du cœur des multitudes qui cherchent et qui espèrent, mais qui, depuis longtemps, n'écoutent plus les enseignements morts de l'Eglise officielle, parce que le verbe de Dieu n'est plus là.

## XXXVI

### LA COMÈTE ET L'ÉTOILE

L'Etoile fixe est belle, radieuse et calme; elle boit les célestes aromes et regarde ses sœurs avec amour; revêtue de sa robe splendide et le front paré de diamants, elle sourit en chantant son cantique du matin et du soir; elle jouit d'un repos éternel que rien ne saurait troubler, et elle marche solennellement sans sortir du rang qui lui est assigné parmi les sentinelles de la lumière.

La comète errante cependant, toute sanglante et toute échevelée, accourt des profondeurs du ciel; elle se précipite à travers les sphères paisibles, comme un char de guerre entre les rangs d'une procession de vestales; elle ose affronter le glaive brûlant des gardiens du soleil, et, comme une épouse éperdue qui cherche l'époux rêvé par ses nuits veuves, elle pénètre jusque dans le tabernacle du roi des jours, puis elle s'échappe, exhalant les feux qui la dévorent et traînant après elle un long incendie; les étoiles pâlissent à son approche, les troupeaux constellés qui paissent des fleurs de lumière dans les vastes campagnes du ciel, semblent fuir son souffle terrible. Le grand conseil des astres est assemblé, et la consternation est universelle: la plus belle des étoiles fixes est chargée enfin de parler au nom de tout le ciel, et de proposer la paix à la courrière vagabonde.

Ma sœur, lui dit-elle, pourquoi troubles-tu l'harmonie de nos sphères? quel mal t'avons-nous fait, et pourquoi, au lieu d'errer au hasard, ne te fixes-tu pas comme nous à ton rang dans la cour du soleil? pourquoi ne viens-tu pas chanter avec nous l'hymne du soir, parée comme nous d'une robe blanche, qui se rattache sur la poitrine par une agrafe de diamant? pourquoi laisses-tu flotter, à travers les vapeurs de la nuit, ta chevelure qui ruissèle d'une sueur de feu? Oh! si tu prenais une place parmi les filles du ciel, combien tu paraîtrais plus belle! ton visage ne serait plus enflammé par la fatigue de tes courses inouïes; tes yeux seraient purs, et ton visage souriant serait blanc et vermeil comme celui de tes heureuses sœurs; tous les astres te connaîtraient, et, loin de craindre ton passage, ils se réjouiraient à ton approche; car tu serais unie à nous par les liens indestructibles de l'harmonie universelle, et ton existence paisible ne serait qu'une voix de plus dans le cantique de l'amour infini.

Et la comète répond à l'étoile fixe :

Ne crois pas, ô ma sœur! que je puisse errer à l'aventure et troubler l'harmonie des sphères; Dieu m'a tracé mon chemin comme à toi, et si ma course te paraît incertaine et vagabonde, c'est que tes rayons ne sauraient s'étendre assez loin pour embrasser le contour de l'ellypse qui m'a été donnée pour carrière. Ma chevelure enflammée est le fanal de Dieu; je suis la messagère des soleils, et je me retrempe dans leurs feux pour les partager sur ma route aux jeunes mondes qui n'ont pas encore assez de chaleur, et aux astres vieillissants qui ont froid dans leur solitude. Si je me fatigue dans mes longs voyages, si je suis d'une beauté moins douce que la tienne, si ma parure est moins virginale, je n'en suis pas moins, comme toi, une noble fille du ciel. Laissez-moi le secret de ma destinée terrible, laissez-moi l'épouvante qui m'environne, maudissez-moi si vous ne pouvez me comprendre; je n'en accomplirai pas moins l'œuvre qui m'est imposée, et je continuerai ma course sous l'impulsion du souffle de Dieu! Heureuses les étoiles qui se reposent et qui brillent comme de jeunes reines dans la société paisible des univers! Moi, je suis la proscrite qui voyage toujours et qui a l'infini pour patrie. On m'accuse d'incendier les planètes que je réchauffe, et d'effrayer les astres que j'éclaire; on me reproche de troubler l'harmonie des univers parce que je ne tourne pas autour de leurs centres particuliers, et que je les rattache les uns aux autres en fixant mes regards vers le centre unique de tous les soleils : sois donc rassurée, belle étoile fixe, je ne veux pas t'appauvrir de ta lumière paisible; je m'épuiserai au contraire, pour toi, de ma vie et de ma chaleur. Je puis disparaître du ciel quand je me serai consumée; mon sort aura été assez beau! Sachez que dans le temple de Dieu brûlent des feux différents, qui tous lui rendent gloire; vous êtes la lumière des chandeliers d'or, et moi la flamme du sacrifice : accomplissons nos destinées.

En achevant ces paroles, la comète secoue sa chevelure, se couvre de son bouclier ardent, et se plonge dans les espaces infinis où elle semble disparaître pour toujours.

## XXXVII

### LA LUTTE DES DEUX GÉNIES

Le génie de la guerre et de la violence, et celui de la douceur et de la paix; l'ange révolutionnaire et l'ange conservateur se disputent maintenant l'empire du monde avec des forces égales, et il résulte de leurs efforts en équilibre, un repos tendu et douloureux.

Le génie de la révolution reproche au génie de la paix ses concessions qu'il nomme des lâchetés, la misère des classes laborieuses, la corruption et l'égoïsme des riches, l'ennui et le découragement universel; il lui demande si jamais on a vu de grandes révolutions pacifiques; il lui rappelle combien de flots de sang a fait déjà verser le christianisme, cette réforme humanitaire commencée au nom de la fraternité et de la paix.

Si les hommes étaient parfaits, dit-il avec sa logique terrible, ils n'auraient pas besoin de réforme. C'est parce qu'ils sont vicieux qu'ils rendent les révolutions nécessaires : or, c'est le propre du vice de haïr la vérité et de se défendre contre la justice. Les hommes corrompus ne cèdent jamais qu'à la force.

Vous parlez du désordre des révolutions, et c'est une raison pour vous de perpétuer le désordre prétendu social. Vous avez peur qu'on ne tue avec le fer, et vous voulez qu'on tue éternellement avec la faim ! Vous ressemblez au malade sans énergie qui se laisse mourir de la gangrène plutôt que de se laisser sauver par le scalpel du chirurgien ; et c'est pour cela même qu'il faut vous faire violence; car c'est une inhumanité que de céder à la faiblesse des malades, lorsqu'il y va pour eux de la vie.

A cela, le génie pacifique répond :

Toute violence produit nécessairement une réaction : c'est une loi de la vie morale et de l'existence physique.

Celui qui frappe de l'épée périra par l'épée. C'est pourquoi il vaut mieux, pour les hommes d'avenir, être victimes que bourreaux.

Le christianisme a fait couler du sang, parce qu'il

a irrité, en les contrariant, les mauvaises passions des hommes; mais il a toujours protesté contre le meurtre, et n'a opposé aux violences des persécuteurs que l'héroïsme du dévoûment et la sublimité du sacrifice.

Il a relevé le peuple en le conviant à l'union fraternelle, il a soumis les grands à la justice de Dieu, il a régné par l'opinion qu'il savait dominer à force de vertus, et qu'il n'aurait jamais dû épouvanter par des réactions sanglantes.

Toute violence est une tyrannie, car elle contraint. Or, la justice même est injuste lorsqu'elle est forcée.

Quoi de plus insensé et de plus absurdement contradictoire que de vouloir forcer les hommes à être libres!

Que le peuple n'écoute donc pas les hommes qui lui prêchent la révolte armée; car il donnerait aux oppresseurs le droit de la guerre d'abord, et bientôt celui de la victoire.

Qu'il ne réclame pas ce qui lui est dû par l'insubordination et la menace, parce qu'il donnerait des droits à ceux mêmes dont il se plaint.

Qu'il apprenne à obéir aux lois, pour savoir donner lui-même la loi quand viendra son heure; qu'il se rende d'abord intelligent et bon, qu'il s'unisse par les liens des croyances communes, qu'il s'ennoblisse de vertus, et ses destinées changeront comme d'elles-mêmes !

## XXXVIII

### LE BAUME DU CERCUEIL

Il est écrit dans l'Evangile que les saintes femmes qui avaient suivi le Sauveur pendant les pèlerinages de sa vie mortelle, apportèrent du baume et des parfums à son sépulcre lorsqu'il eut expiré sur la croix.

C'est ainsi que dans les siècles d'incrédulité et de mort, la foi vit toujours dans le cœur de la femme ; et c'est toujours elle qui vient apporter aux plaies des martyrs le baume de ses larmes et de son amour.

La femme ne croit pas à la mort éternelle, parce que son espérance est pleine d'immortalité et qu'elle ne sent pas en elle-même qu'un véritable amour *puisse mourir*.

Lorsque tout semble perdu, elle espère encore :

elle n'abandonne pas le juste que tout le monde abandonne.

Oh! si l'homme d'avenir n'avait pas une main de femme pour essuyer ses larmes d'indignation et de pitié, lorsqu'il se sent méprisé et repoussé de tout un monde; si le baume de quelques douces paroles ne descendait pas dans son cœur, ce tombeau où ils retiennent captive sa parole qu'ils ont tuée, mais que Dieu ressuscitera, il se désespérerait et il douterait de lui-même!

O angoisses de la solitude! amertumes de l'exil du cœur! découragement de celui qui aime, sans qu'un amour réponde à son amour! luttes désespérées de la vie, qui cherche à quoi se prendre, et qui retombe toujours dans le vide; silence mortel des nuits solitaires où la pensée vacille comme une lampe qui va s'éteindre; heureux ceux qui ne vous ont pas connus! car ceux-là n'ont jamais sué le sang dans une agonie abandonnée, et ils peuvent s'étonner que l'on doute de soi-même et qu'on pleure sur le passé en se voyant déshérité de l'avenir!

Mais plus heureux encore ceux qui ont souffert tous vos martyres, et qu'un généreux amour de femme a consolés et raffermis dans leur voie; car, après avoir langui dans la mort, ils sont revenus à la vie.

Bénie soit mille fois la main qui répand des parfums sur les pieds et sur la tête du Sauveur proscrit, tandis que les pharisiens se scandalisent et que les hypocrites murmurent !

Que Dieu glorifie les larmes de celle qui pleure avec le maudit, et qui le fait sourire comme un enfant en lui disant des paroles de mère !

Que le secret divin de ses ineffables consolations soit révélé au dernier jour, afin que tout le monde la connaisse et l'adore !

Ange de grâce et de poésie, ta beauté donne un démenti sublime à toutes les laideurs, et ton cœur proteste magnifiquement contre toutes les turpitudes.

Alliance vivante de la forme et de la pensée, toi dont les yeux rayonnent de génie, et dont les lèvres respirent la douceur et l'amour, toi qui comprends et qui réalises tous les romans du moyen âge, sœur rêveuse de Psyché, fille dont s'enorgueillit Héva, toi qui as le droit de faire reprendre, à Marie la désolée, son premier nom, le doux nom qui veut dire belle; sois aimée et bénie! car tu as choisi le paria et tu as fait ton avenir des privations de son exil.

A toi ce livre inspiré par ton âme et brûlant des

aspirations de ton cœur, et si nous pleurons ensemble au tombeau de la Liberté crucifiée, j'aurai écrit le testament de celle qui doit ressusciter; et toi, tu répandras, comme les deux Marie, du baume et des parfums sur la pâleur de son linceul.

# XXXIX

## LA LIBERTÉ AUX ENFERS

Enfer signifie infériorité. Ainsi, relativement à la science, l'ignorance est l'enfer ou la situation inférieure; relativement au bien-être matériel, le paradis est pour les riches et l'enfer pour les pauvres; l'enfer est la région où l'on pleure sans espérance, où l'on travaille sans fruit, où l'on souffre sans avenir.

L'enfer est au pied de l'échelle sociale; c'est la pauvreté morale et physique, c'est la servitude et la faim, c'est le prolétariat avec ses charges accablantes, ses maux jusqu'à présent sans remède, ses désolations et son désespoir.

C'est là qu'il y a véritablement des pleurs et des grincements de dents; mais les riches ne le savent pas, car la misère se cache.

Oh! si jamais les plaies de la société se montraient

à nu, si la lèpre de nos grandes villes s'étalait au soleil, si les égouts de la misère regorgeaient sur le luxe des heureux, si les pauvres usaient seulement un jour du droit qu'ils ont de se promener aussi sur nos boulevards élégants et sur nos places du grand monde, combien l'on serait épouvanté au seul aspect de cette population hideuse!

Mais les pauvres sont fiers et ils en ont le droit; ils ne veulent pas qu'on les plaigne, et d'ailleurs on ne les plaindrait pas, on en aurait peur; et leur condition n'en serait que plus misérable.

Maintenant le génie de la liberté descend aux derniers rangs de la société et interroge ceux qui souffrent, il va chercher ceux qui n'osent se montrer, et, tandis qu'on te croit ensevelie dans le linceul où l'ont mise les conservateurs de morts, son âme, comme celle du Christ, descend aux enfers.

Avec elle la lumière pénètre dans ces régions horribles qui semblaient vouées à l'ombre éternelle; déjà les supplices sont moins affreux depuis que les victimes l'ont entrevue, car elles commencent à espérer.

Le reflet de sa gloire illumine cet océan de têtes pâles et souffrantes; ceux qui sont attachés à des roues passent et repassent devant elle, la revoyant et la perdant toujours; ceux qui sont broyés sous des meules se soulèvent péniblement en se traînant sur leurs mains; ceux qui grelotent dans des cloaques humides tressaillent et mettent la main devant leurs yeux surpris par le jour : tout ce monde de douleur, qui se tord, qui rampe et qui pleure, apparaît lugubre et immense, et tous les regards se tournent vers le génie resplendissant de la liberté.

Espérez et levez la tête, car votre rédemption approche! Dieu vous appelle à votre tour, pauvres enfants déshérités de la famille humaine, et puisque sa lumière a pénétré jusqu'à vous, le monde ne peut plus ignorer ce que vous souffrez, et vos frères, mieux partagés que vous, ne peuvent longtemps encore vous refuser justice.

Habituez vos yeux aux clartés nouvelles; écoutez la liberté qui vous parle et apprenez son langage, afin de connaître vos droits et de réclamer enfin ce qui vous est dû.

Les voix les plus faibles deviennent fortes lorsqu'elles sont unies, et le jour où vous parlerez tous ensemble, le tonnerre lui-même ne saurait étouffer votre voix.

Unissez-vous d'abord pour alléger mutuellement vos souffrances; qu'il n'y ait point parmi vous d'intempérants et d'égoïstes, si vous voulez protester puissamment contre l'intempérance et l'égoïsme des mauvais frères !

Que les plus forts d'entre vous tendent la main aux plus faibles; que personne ne cherche à se sauver seul; que personne ne dise : J'aurai du pain pour moi et pour ma famille; que m'importe le reste de l'humanité ! car celui qui tient ce langage est maudit comme le sacrilége Judas.

Qu'il n'y ait point de parias parmi vous. Honorez le repentir et ne flétrissez pas à jamais celui qui a commis une faute. Pardonnez, afin que Dieu vous pardonne.

Vos fardeaux sont lourds ; mais si vous les portez ensemble, ils vous paraîtront légers. La Liberté vous sourit et vous encourage ; elle est venue à vous; marchez vers elle ! elle a brisé les portes de vos cachots et elle va remonter vers le ciel, en entraînant après elle la captivité captive; suivez-là en chantant ses louanges, et sachez que l'obstination des hommes dans le mal peut seule rendre éternels les supplices de l'enfer.

Mais dès que la Liberté descend aux enfers, les enfers ne sont plus. Car un supplice cesse d'être un supplice s'il devient volontaire. Tout ce qu'on fait librement, on doit le faire avec amour, et ce qu'on fait avec amour, on doit le faire avec bonheur.

L'amour fraternel, voilà maintenant la grande loi sociale et l'orthodoxie de la vraie religion universelle.

C'est l'amour fraternel qui veut que la propriété soit fille du travail, et que le travail soit possible à tous.

C'est l'amour fraternel qui émancipe les derniers esclaves, et qui veut régénérer la famille en sanctifiant la liberté des affections et l'inviolabilité de la pudeur des femmes.

Il veut la religion pour tous, la propriété pour tous, la famille pour tous.

Or, la vraie religion se résume dans l'amour de Dieu et des hommes; la vraie propriété, c'est la liberté individuelle limitée seulement par la charité sociale; la vraie famille, c'est la multiplication de la fraternité et de l'amour.

# XL

## LA RÉSURRECTION DE LA LIBERTÉ

Elle était morte en combattant, elle ressuscitera paisible et victorieuse.

Je vois, dans un avenir déjà plus prochain, luire l'aurore du grand jour. Le soleil resplendissant ouvre les portes du ciel à un printemps nouveau : tous les arbres flétris ont repris une sève nouvelle, l'humanité semble se rajeunir, et les lauriers desséchés reverdissent.

Une foule immense est assemblée autour d'un tombeau, où, dans un silence religieux, elle écoute fermenter la vie.

Tout à coup une lumière puissante jaillit du cercueil et renverse la pierre sépulcrale; une femme apparaît toute revêtue de splendeur, tenant d'une main une gerbe d'épis, et de l'autre une lance couverte de branches d'oliviers.

Elle a dans les yeux tout le génie inspirateur de la liberté et toute la grâce de Marie.

C'est la femme dans toute sa gloire, c'est l'amour humain dans toute sa divinité, avec son enthousiasme et son sourire.

C'est la mère chaste, c'est la fiancée toujours fidèle, c'est Vénus intelligente, c'est Minerve amoureuse, c'est Diane devenue mère, c'est Marie consolée, c'est la Liberté soumise à Dieu.

Le Christ descend du ciel et lui tend la main : non plus ce Christ sanglant et couronné d'épines, dont la figure lamentable attristait nos temples, mais le Christ glorieux, type de l'homme régénéré, tel que le représente saint Jean dans sa vision, le front paré de plusieurs diadèmes et revêtu d'une robe de pourpre serrée par une ceinture d'or.

Aux pieds de ce couple divin, les peuples rivaux s'embrassent, les beaux-arts relèvent la tête et fixent sur l'épouse et sur l'époux des yeux brillants d'inspiration et humides de larmes.

Le Christ est entouré du cortége de ses apôtres et de ses martyrs ; la Liberté mène à sa suite les réformateurs vainqueurs du bûcher et les grands révolutionnaires qui sont tombés sous le poignard ou sous la hache.

Tous portent des parfums à la main et des couronnes sur la tète.

Le Christ tient à sa main un calice où il a recueili le sang de tous ceux qui sont morts pour lui ; mais ce sang, transfiguré par le travail après avoir fécondé la terre, s'est changé en un vin délicieux, et le Sauveur dit aux hommes de toutes les langues et de toutes les tribus : Buvez-en tous; ceci est mon sang !

La Liberté présente aux hommes sa gerbe d'épis et leur dit : Prenez et faites le pain de la fraternité, associez-vous pour la culture de la terre; ceci est mon corps, ceci doit être le lien de votre union : travaillez ensemble afin de moissonner tous et de vivre tous de la même vie.

Le Christ et la Liberté ont sauvé le monde; la Liberté, en expliquant les symboles évangéliques, rend la religion du Christ accessible à tous, et le Christ, en se faisant aimer de la Liberté, la rend toute pacifique et toute fraternelle.

Le Christ est devenu le type de l'intelligence unitaire; la Liberté est celui de l'amour universel.

Ainsi s'accomplit cette promesse du Sauveur : croyez pour comprendre; puis, quand viendra l'esprit d'intelligence, vous connaîtrez la vérité, et la vérité vous rendra libres.

On pourrait ajouter, peut-être : et la Liberté vous rendra bons.

Liberté sainte, qui dort encore de ton sommeil d'épreuve, prends pitié des douleurs du peuple, qui attend ton réveil dans les angoisses de la misère !

Sauveur du monde, toi qui as tant aimé la fraternité et la paix, vois l'Europe entière menacée de la guerre anti-sociale; prends pitié des populations affamées, qui menacent de ravager le monde! fais entendre aux riches des paroles de prudence, pour qu'ils se hâtent de conjurer la tempête s'il en est temps encore! fais comprendre aux gouvernements éclairés qu'on ne réprime pas la faim, et qu'il ne faut pas employer les châtiments réservés aux hommes de mauvaise volonté, contre des infortunés que l'excès de la misère jette en dehors de toutes les lois.

Bientôt, peut-être, les paroles seront inutiles et les voix pacifiques se perdront dans le fracas de la grande tourmente; alors il faudra se voiler la tête et pleurer sur le monde, en attendant qu'on soit enveloppé dans sa perte.

C'est pourquoi nous évoquons encore les sombres

visions des prophètes ; c'est pourquoi notre amour de l'humanité prend quelques fois l'accent de la menace ; nous voudrions prévenir d'épouvantables malheurs en portant, dans l'âme de ceux qui peuvent concourir au salut du peuple, une épouvante salutaire.

Nos doctrines sont des doctrines d'ordre et de paix ; nous ne sommes inaccessibles à aucune idée généreuse, et nous ne sommes pas même intolérants envers ceux qui ne nous tolèrent pas.

Toutes les intelligences distinguées de ce siècle s'occupent d'une synthèse tout à la fois religieuse, philosophique et scientifique ; il semble que tous les architectes de la pensée se sentent appelés à construire soit une nouvelle arche qui puisse surnager sur les eaux du dernier cataclysme et sauver l'espérance du monde, soit un temple où l'humanité, régénérée pacifiquement et sans efforts, doit inaugurer sa nouvelle ère.

Disciple de toutes les doctrines d'avenir, nous avons, à l'exemple des maîtres, apporté au plan de l'édifice commun quelques idées que nous soumettons à ceux qui sont plus sages, et nous abandonnons à l'appréciation de nos frères ce livre qui résume toute notre pensée et qui complète tout ce que nous avons tâché d'écrire.

Si, comme nous n'en doutons pas, l'Eglise catholique se transfigure glorieusement en association universelle, si la foi éclairée vient régénérer les âmes, si la paix succède enfin à tant d'agitations, peu nous importera sans doute que l'humanité cite notre nom parmi les noms de ceux qui l'ont aimée ; quels que soient les mystères de ce qu'on appelle la mort, nous croyons que nos âmes participeront toujours aux destinées humaines, et que la condition de l'humanité ne s'améliorera pas sans que nous soyons plus heureux.

Résumons-nous en peu de mots :

Nous voulons régénérer et universaliser le sentiment religieux par la synthèse et l'explication rationnelle des symboles, afin de constituer la vraie Eglise catholique ou l'association universelle de tous les hommes.

Car nous croyons que la fraternité n'est pas possible sans foi et sans amour. Or, il n'y a ni foi ni amour sans religion.

Nous désirons le dernier accomplissement de la parole du Christ, la communion universelle par l'association du capital, du travail et du talent.

Nous voulons que la femme soit révérée comme la plus belle image de Dieu, parce qu'elle est mère, et que l'homme devienne meilleur en s'inspirant de l'amour de sa compagne.

Nous voulons remplacer les lois coërcitives par des mesures préventives du mal : la vengeance qui punit, par la charité sociale qui guérit ; la justice, par la pitié ; et le glaive qui tue, par la parole qui persuade. Sommes-nous donc si criminels ou si insensés, qu'on ne daigne pas nous entendre? Dans nos ouvrages précédents, nous avons cherché à nous faire bien comprendre, et l'on nous a accusé de contradictions et de rétractations. Nous ne croyons pourtant pas nous être contredits ni avoir rétracté autre chose que des expressions, peut-être un peu violentes, échappées à l'ardeur de notre zèle.

Dans la *Bible de la Liberté*, nous avons salué le génie de la révolution du progrès et de l'avenir.

Dans la *Fête-Dieu*, nous faisons un retour vers les vraies croyances catholiques, et nous invitons l'Eglise, notre mère, à venir vers nous pour bénir l'émancipation et l'association de tous les peuples du monde.

Dans la *Mère de Dieu*, l'*Assomption de la Femme* et l'*Emancipation de la Femme*, nous expliquons notre religion maternelle ; et, dans la *Dernière Incarnation*, nous ramenons le Christ sur la terre et nous saluons le génie de l'Evangile marchant à la tête du progrès.

Maintenant notre œuvre sociale est terminée, et nous ne demanderons pour elle ni indulgence ni sévérité. Nous avons écrit ce que nous dictaient notre intelligence et notre cœur ; nous avons accompli un devoir, et nous trouvons que c'est pour nous une récompense suffisante.



FIN

PARIS. — IMP. DE J. FREY, RUE CROIX-DES-PETITS-CHAMPS, 33.